Mary Laure

Illustrations de

Prendre conscience de son Énergie

4 étapes pour la découvrir et la ressentir

jouvence
EDITIONS

Du même auteur aux Éditions Jouvence :
Les 5 blessures de l'âme avec Isabelle Gauducheau
Osez vivre de votre passion
L'ancrage énergétique
Comment attirer l'argent et l'abondance

Dans la même collection aux Éditions Jouvence :
Changer sa vie, Mary Laure Teyssedre et Isabelle Gauducheau
Mon programme Feng shui, Alice Le Guiffant & Magdalena Musialek
Détox, Christopher Vasey
Je booste ma concentration, Florence Vertanessian de Boissoudy
Relax'minute, Florence Vertanessian de Boissoudy
Je positive 2.0, Yves-Alexandre Thalmann

Catalogue gratuit sur simple demande
Éditions Jouvence
France : BP 90107 — 74160 Saint-Julien-en-Genevois Cedex
Suisse : CP 227 — 1225 Chêne-Bourg (Genève)
Site internet : **www.editions-jouvence.com**
Mail : info@editions-jouvence.com

ISBN : 978-2-88911-777-2

Illustrations de couverture et intérieur : Sophie Lambda
Maquette de couverture et intérieur : Stéphanie Roze
Mise en pages : Stéphanie Roze

SOMMAIRE

INTRODUCTION

Nous sommes beaucoup plus que notre corps physique.
Nous pressentons, nous ressentons, qu'il y a autre chose, de plus profond, de plus authentique. Nous avons tout appris, à l'école, sur le corps physique, son fonctionnement et la fantastique « mécanique » du corps humain. Et pourtant... Ce vide qui, quelquefois, nous indique la dimension d'« autre chose » pourrait peut-être se voir comblé par quelques connaissances ou expérimentations complémentaires.

Il y a presque vingt ans déjà, je recherchais cette **« autre chose ».** J'essayais de comprendre et de régler certaines problématiques personnelles, et pour cela, j'ai choisi de faire appel à un énergéticien. Pourquoi? J'étais en quête d'une « thérapie brève », non allopathique, et sans nécessité de raconter ma vie pendant des années. D'un naturel bien cartésien (bac B, diplômée d'une école de commerce parisienne), j'avais besoin d'être accompagnée par quelqu'un avec les pieds sur terre, capable de m'expliquer le « pourquoi du comment ».

Cet accompagnement a tellement bien marché pour moi que j'ai voulu en savoir plus. Je me suis donc remise à apprendre: reiki, EMF Balancing Technique®, aromathérapie, phytothérapie, fleurs de Bach... De fil en aiguille, j'ai repris mes études. Infatigable, je suis devenue passionnée de nouvelles connaissances. Je suis titulaire d'un diplôme universitaire Ingénierie et Conseil en santé active.

Et surtout, je suis diplômée de l'école de Barbara Brennan, aux États-Unis: un cycle de quatre ans, reconnu par l'État de Floride, y forme des praticiens du monde entier aux soins énergétiques.

Barbara Ann Brennan, docteure en physique, a étudié les champs d'énergie humains et a pu faire le lien entre une « distorsion » dans le champ énergétique de la personne et un « mal-aise » émotionnel ou physique. Une grande partie des étudiants de son école font partie des professionnels de santé (infirmières, médecins, acuponcteurs, etc.), ce que je ne suis pas.

Toutes ces études, ces expérimentations, ces découvertes, m'ont amenée à **changer ma vision du monde.** Personnellement, j'ai trouvé mon « autre chose » en explorant cette voie.

Maintenant, **je considère que chacun d'entre nous est une âme, une conscience, ayant choisi de faire l'expérience de l'incarnation,** de la vie sur la Terre. Nous choisissons de rester dans ce corps physique pour y vivre des expériences qui nous permettront de grandir et de faire évoluer notre connaissance et notre compréhension globale. Ce corps physique est constitué de différentes cellules, molécules, atomes. Nous savons que ces atomes sont constamment en mouvement, grâce à l'énergie qu'ils contiennent. **Notre corps est donc énergétique avant même d'être physique, chimique, cellulaire.** Pourtant, c'est une partie de nous-même encore bien méconnue que ce corps énergétique et son fonctionnement.

Pour vous permettre d'expérimenter votre énergie, je me base sur la vision des différentes dimensions énergétiques selon Barbara Ann Brennan (vous trouverez les références de ses livres dans la bibliographie). Cette vision est le fruit d'un travail lui appartenant, mais aussi des diverses traditions ancestrales indienne et bouddhiste, de la médecine traditionnelle chinoise ou autres. Aujourd'hui, nombre de ces concepts sont démontrés, ou en passe de l'être, par la science dans le cadre de la médecine quantique. Toutefois, la façon de présenter ces concepts, les exercices et autres suggestions de ressentis, sont le fruit de mon travail, ma vision des choses. J'aime « vulgariser » - au sens premier du terme - l'énergétique, afin de le rendre accessible et compréhensible pour tous. Cette vision peut tout à fait être assimilée simplement, et efficacement.

J'ai le souhait que ces tests simples vous permettent de **découvrir quelques-unes de vos possibilités,** et ainsi de faire évoluer (ne serait-ce qu'un tout petit peu) votre compréhension globale...

Ce que nous ressentons sans en avoir vraiment conscience

Observez

• Naturellement, il y a des gens avec qui vous vous sentez à l'aise tout de suite, vous êtes en confiance, « ça passe » très bien avec eux... Et d'autres que vous ne « sentez pas », sans pouvoir expliquer pourquoi.

• Pour les lieux, c'est la même chose : il y a ces endroits dans lesquels vous pourriez rester des heures, et d'autres que vous avez envie de fuir immédiatement... Comme ce petit restaurant où vous avez envie d'entrer sans raison, alors que, pourtant, vu de l'extérieur, ce n'est vraiment pas votre style... Mais vous « sentez » qu'il vous faut y aller.

• Il y a ces moments, ces jours, où vous avez « la pêche », une énergie formidable, et ces autres instants où, au contraire, vous vous traînez sans savoir pourquoi.

• Et même ces moments bizarres, lorsque vous sentez qu'une personne vous regarde : vous vous retournez et croisez son regard.

• Ou encore ces attitudes spontanées, quand par exemple votre enfant se blesse et que vous mettez la main sur le « bobo » pour le soulager.

Toutes ces situations sont parfaitement cohérentes, logiques et concrètes selon une vision énergétique.

Tout le monde a cette capacité de « ressentir » son énergie, celle des autres, et bien d'autres choses encore : c'est juste que l'on ne nous en a jamais parlé. Découvrir, ressentir, déployer, renforcer votre propre énergie est tout à fait possible. Cela se travaille, et c'est à la portée de tous.

Je suis ravie de vous ouvrir cette nouvelle porte, à la découverte de vous-même.

Amusez-vous, testez, expérimentez !

ÉTAPE 1

PRENDRE SOIN DE SON CORPS PHYSIQUE

Connaître le champ d'énergie universelle

Nous baignons dans une mer d'énergie, accessible à tous, tout le temps, et illimitée.

Cela n'est pas un concept fumeux *new age* : cette vision existe depuis la nuit des temps.
L'énergie s'appelle le prâna en Inde, le chi en Chine.

Cette énergie nous entoure, nous traverse, fait partie de nous, nous anime. Elle est l'air, le souffle de vie, l'espace et le lien entre chaque chose et entre toutes choses. Elle se trouve partout, entre les planètes, les lieux, les humains. Elle est le lien entre votre maison et celle de votre voisin, entre les atomes de bois de la table du salon, entre les cellules de votre foie et celles de vos os. Et, comme vous le savez pour les atomes, elle est en mouvement. Tout le temps.

« Tout est flux, rien ne reste toujours. »

Héraclite

L'univers, la nature, la Terre sont en mouvement perpétuel... C'est l'interruption de ce mouvement qui provoque les « malaises », et cela à tous les niveaux.

Rappelez-vous, et prenez conscience

La Terre tourne en permanence, même si l'on ne s'en rend pas compte, et les étoiles sont présentes à chaque instant, même si nous ne pouvons les voir en pleine journée. Le rythme des saisons est toujours là, et quand bien même nous avons l'impression qu'en hiver la nature est au repos, elle se prépare pour un nouveau printemps. Les plaques tectoniques se meuvent perpétuellement, et quand elles se retrouvent coincées trop longtemps, ou frottent l'une contre l'autre, la terre tremble. Les rivières coulent tout naturellement. Si un barrage s'érige, elles s'adaptent. Si l'entrave est trop forte, elles peuvent forcer le barrage et reprendre leur cours, tout en inondant une partie du territoire alentour.

« Seul le changement est perpétuel. »

Nous sommes énergie, nous sommes la nature et, comme pour elle, quand le mouvement s'arrête, les ennuis commencent...

- Quand la circulation du sang est entravée dans vos veines,
- quand le corps reste allongé trop longtemps,
- quand le cœur arrête son mouvement répétitif,
- quand la respiration se fige...

Grâce à notre énergie, nous sommes en communication constante avec l'univers. Tristement, nous ne nous en rendons même plus compte.

Votre énergie personnelle est en mouvement perpétuel, elle aussi. **La bonne nouvelle, c'est que vous avez la responsabilité de votre propre niveau d'énergie,** et donc la complète maîtrise de cette énergie qui vous habite... Et vous pouvez apprendre à vous y reconnecter et à la déployer plutôt facilement.

PRENDRE CONSCIENCE DE SA PLACE DANS L'UNIVERS

Installez-vous confortablement et respirez normalement.

OBSERVATION

Observez tout d'abord comment vous vous sentez maintenant.

. . . .

. . . .

. . . .

. . . .

. . . .

. . . .

. . . .

. . . .

. . . .

. . . .

MÉDITATION

Prévoyez une bonne dizaine de minutes, et posez votre attention sur votre respiration. Laissez le flux d'air entrer comme d'habitude par vos narines, et sortir de même. Prenez conscience de la manière dont vous respirez d'ordinaire inconsciemment.

Jusqu'où va votre respiration ?

. . . .

. . . .

. . . .

. . . .

. . . .

Laissez maintenant votre respiration descendre jusque dans votre ventre, qui va gonfler comme un ballon lors de l'inspiration, et se dégonfler entièrement à l'expiration. Prenez conscience que l'air que vous respirez est celui qui vous entoure, mais c'est aussi celui de votre ville, votre rue, votre département, votre pays, votre planète, des lacs et des rivières, de vos endroits préférés, des montagnes et des mers, des déserts et des vergers : tout cela est en vous à chaque respiration.

Vous vous trouvez, à chaque respiration, en contact total avec l'univers tout entier, *c'est magnifique, n'est-ce pas ?*

N'avez-vous pas pris quelques grandes inspirations durant cette visualisation ?

. . . .

Comment vous sentez-vous, maintenant ?
Y a-t-il des choses qui ont changé en vous par rapport au début de l'exercice ? Lesquelles ?

. . . .

. . . .

. . . .

. . . .

TÉMOIGNAGES

« Au début de cet exercice, comme d'habitude je me sens petit et ridicule. Grâce à cette respiration, j'ai eu vraiment l'impression d'appartenir à la planète. Quand vous avez cité les lacs, les rivières, mon esprit est allé directement près d'un lac que j'adore, dans le sud de la France. J'y vais tous les étés ou presque. Il n'y a quasiment personne, et c'est vraiment un endroit où je peux me ressourcer. Ces quelques minutes m'ont fait un bien fou. »

« Personnellement, je n'ai pas du tout apprécié cette visualisation. J'allais plutôt bien, mais le fait de me figurer ma rue, ma ville, ça m'a fait penser à mes voisins, avec qui j'ai de grosses difficultés. Du coup, je me suis retrouvé dans mes pensées noires et négatives ; c'était très désagréable. Je me suis aussi rendu compte que j'avais coupé ma respiration, et ça, par contre, ça m'a interpellé car, depuis quelque temps, je fais des crises assimilables à de l'asthme. »

Ce qui est vraiment intéressant dans ces deux témoignages, c'est que chacun met son attention où il le souhaite ! Et donc, vous aussi !

Vous pouvez choisir de vous arrêter dans un lieu « ressource », un lieu qui vous apporte de l'énergie et du bien-être rien qu'en le visualisant. Et vous pouvez « choisir » (en général, les gens n'utilisent pas ce terme dans ce cas-là, mais c'est pourtant le cas) de rester coincé dans un lieu « négatif », dans des pensées parasites qui vous tirent vers le bas et ne vous amènent à rien de bien enthousiasmant, finalement. Bien sûr, le premier choix va vous « énergiser » plus que l'autre, c'est évident.

Pour vous, spontanément, quel a été l'effet de cette visualisation ?

. . . .

. . . .

. . . .

. . . .

. . . .

. . . .

. . . .

. . . .

. . . .

. . . .

. . . .

. . . .

. . . .

. . . .

SENTIR L'ENDROIT DANS LEQUEL ON SE TROUVE

Comme je vous l'ai dit précédemment, les lieux sont chargés d'énergie, et voilà déjà un premier indicateur de ce que vous êtes capable de ressentir. Mais il y a aussi l'image, l'expérience, les croyances, ce que VOUS véhiculez, qui changent votre façon de ressentir le lieu.

PAR EXEMPLE :

Où lisez-vous ce livre en ce moment même ?

. . . .

. . . .

Comment vous sentez-vous dans cet endroit ?

. . . .

. . . .

Pourquoi ? Qu'est-ce qui, d'après vous, fait que vous vous sentiez ainsi ?

. . . .

. . . .

Où se trouverait, pour vous, l'endroit idéal pour lire ce livre ?

. . . .

. . . .

Pourquoi choisiriez-vous cet endroit ?

. . . .

. . . .

Bon à savoir

Prendre conscience de vos propres problématiques, même si vous n'avez pas toutes les explications, vous permet de mieux vous respecter, d'être plus à l'écoute de votre corps. Ainsi, vous êtes plus serein et votre énergie s'en ressent. (Vous découvrirez cela un peu plus loin dans ce livre.)

Témoignages

« En fait, je me suis assise dans cette salle, là où il restait de la place, quand je suis arrivée. Tout au fond, au bout de la rangée, coincée contre le mur. Je ne me sens pas du tout à mon aise dans cet endroit. Moi, j'aime être près d'une sortie, je ne sais pas vraiment pourquoi, mais j'ai besoin d'avoir de l'espace à côté de moi, et de pouvoir bouger rapidement si besoin est. Du coup, j'écouterais votre conférence avec encore plus d'attention si j'étais près de la porte. Je me sentirais moins stressée. »

« Quand j'ai découvert votre dernier livre, j'en ai commencé la lecture dans le métro. En fait, je n'aimais pas ça du tout. Trop de bruit, et surtout j'avais l'impression que les gens lisaient par-dessus mon épaule. Vu que cela parle d'énergétique, je ne me sens pas vraiment à l'aise encore par rapport à l'image que cela donne de moi. J'avais l'impression d'être jugée par des inconnus sans visage. Finalement, j'ai arrêté ma lecture et l'ai reprise tranquillement chez moi, sur le canapé du salon, le chat à côté de moi. Ainsi, j'ai pu en profiter pleinement. »

Bien sûr, chacun va réagir à sa façon. Et vous pouvez facilement mettre en place ce qui est nécessaire pour vous sentir mieux. En observant précisément comment vous vous sentez, **vous avez déjà la possibilité de prendre conscience de votre propre énergie.**

Dans un endroit qui vous déplaît particulièrement, vous sentez-vous, par exemple :
petit ; ridicule ; intimidé ; mal à l'aise ? Vous avez du mal à respirer ? Vous devenez tout rouge, etc. ?
Complétez. ....
....
....
....
....
....

Dans un endroit que vous adorez, vous sentez-vous, par exemple :
puissant, serein, détendu, souriant, à votre aise, relaxé, etc. ?
Complétez. ....
....
....
....
....
....

La façon dont vous vous sentez est un excellent indicateur de votre énergie.
C'est simple, et terriblement efficace.
Vous voulez connaître votre niveau d'énergie ?
Observez comment vous vous sentez !
Et faites les modifications adéquates pour vous sentir encore mieux.

Le corps que nous habitons nous est enseigné dès notre plus jeune âge. Il est décrit avec une approche principalement mécanique (nos membres, nos organes, nos cellules), et l'apprentissage du fonctionnement physiologique fait partie de notre cursus scolaire.

Dans une vision énergétique et spirituelle, le corps est notre véhicule, notre outil d'incarnation. Grâce à lui, nous pouvons réaliser et mettre en œuvre ce que nous sommes venus faire sur cette planète (je reviendrai sur ce point un peu plus loin). Ce corps nous « parle » et ses « mal-a-dits » peuvent quelquefois aider à nous remettre sur le chemin de notre âme.

Comme vous le savez, à l'intérieur de votre corps physique se trouvent différentes cellules, différents organes et systèmes biologiques. C'est l'ensemble de ces cellules, toutes différentes et pourtant toutes indispensables à un fonctionnement global, qui forme la fantastique « mécanique » du corps humain. Chaque cellule, chaque organe a son activité indépendante, et spécifique. Pourtant, tous sont indissociables, interconnectés, solidaires.

Ainsi, par exemple, vous savez que le sang fait partie du système sanguin, mais est bien sûr indissociable du système cardiaque, du système respiratoire, et de tous les autres systèmes. Les uns ne vont pas sans les autres.

Et si vous me demandiez de vous décrire un de ces systèmes isolément, je devrais de toute façon appréhender au minimum les autres qui interagissent avec lui, n'est-ce pas ?

Eh bien, c'est la même chose pour **les différentes dimensions énergétiques** que nous allons aborder maintenant : je vais vous les présenter séparément, mais **elles sont toutes impliquées, solidaires y compris de votre corps physique.**

Enfin, je souhaite ajouter que le corps physique est le niveau le plus densifié de vibrations énergétiques, puisqu'il est visible par tous. Les autres dimensions énergétiques sont elles aussi visibles, il suffit « juste » d'apprendre à les reconnaître, à les voir, les ressentir. Vous découvrirez cela quelques pages plus loin.

ÊTRE ATTENTIF À SON ALIMENTATION

Je ne peux pas vous parler d'énergie sans inclure le thème de la nourriture. L'énergie de votre corps physique se définit aussi par l'énergie que vous ingérez grâce aux aliments.

Faites simplement une petite pause de réflexion :

Comment vous sentez-vous après avoir fait un repas trop chargé ?

....

....

....

Comment vous sentez-vous après avoir fait un repas junk food ?

....

....

....

Mangez-vous des fruits et des légumes régulièrement ?

. . . .

. . . .

. . . .

Comment vous sentez-vous après avoir mangé des légumes ou des fruits…
cuits ? . . . .

. . . .

crus ?. . . . .

. . . .

Quels sont, selon vous, les aliments ayant le plus d'énergie vitale : les cuits ou les crus ?

. . . .

Qu'est-ce qui vous fait répondre cela ?

. . . .

. . . .

. . . .

. . . .

Comment, d'après vous, le fait d'ingérer des aliments gras, trop salés, trop sucrés, donc sans énergie vitale, pourrait-il vous en donner ?

. . . .

. . . .

. . . .

. . . .

TÉMOIGNAGE

Il y a quelques années, j'ai pris conscience de la chose suivante : si mon corps est un organisme vivant, comment pourrait-il avoir de l'énergie si je le nourris avec des aliments « morts » ? Alors, j'ai fait, au fur et à mesure, et à mon rythme, diverses expériences... Passer petit à petit à une alimentation plus végétarienne, en supprimant progressivement la viande, et ainsi éviter d'avoir dans mon alimentation des animaux abattus dans les conditions déplorables mises au grand jour désormais. Prendre conscience de ce qu'il y a vraiment dans les aliments que j'achetais au supermarché (en lisant les étiquettes). M'imprégner du fait que ces aliments peuvent être depuis des mois (et tenir encore des mois) sur l'étagère du supermarché, ce qui signifie qu'il n'y a vraiment aucune matière encore vivante dedans. Passer au fur et à mesure à une alimentation plus vivante (manger plus de cru, plus de légumes crus, plus de fruits, etc.). À chaque changement, j'ai pu constater un mieux-être, une plus grande énergie, une sensibilité plus importante, des ressentis plus subtils (ce qui est bien sûr capital dans mon activité). Cette prise de conscience n'est pas un dogme, et je fais encore de nombreux écarts. Et je constate à chaque fois comment ce que je mange influe considérablement sur la façon dont je me sens.

Loin de moi la volonté de vous imposer ces idées : chacun doit trouver ce qui lui correspond le mieux. Considérez seulement la possibilité de tester différentes options. Essayez, à votre rythme, de diminuer tel ou tel aliment, ou d'augmenter un type de nourriture pendant quelques jours. Et observez vos sensations.

Comment votre énergie et votre niveau personnel de bien-être évoluent-ils en fonction de ce que vous mangez ?

....

....

....

....

....

....

....

....

Du coup, que pourrait être votre choix pour une meilleure énergie, une meilleure santé ?

....

....

....

....

....

....

....

....

Pourquoi feriez-vous ce choix ?

....

....

....

....

....

....

....

Il y a des ouvrages entiers sur le sujet, je vous en suggère quelques-uns en bibliographie.

Dans votre approche alimentaire aussi, vous avez le choix, et la responsabilité, de vous sentir mieux. Expérimenter et ressentir votre énergie n'a rien de magique, c'est une prise de conscience.

Petite histoire

En Inde, on raconte la légende suivante :

Il y eut un temps où tous les hommes étaient des dieux. Mais ils abusèrent tellement de leur divinité que le maître des dieux, Brahma, décida de leur ôter leur pouvoir divin et de le cacher là où il serait impossible pour eux de le retrouver. Le conseil des dieux se réunit alors pour s'accorder sur l'endroit où cacher la divinité de l'homme. Ils proposèrent d'abord de la cacher dans la Terre. Mais le maître des dieux répondit : « Non, car l'homme creusera tellement profond qu'il la trouvera. »

Alors les dieux proposèrent de cacher ce pouvoir divin tout au fond du plus profond des océans. « Non, dit encore une fois Brahma, un jour, l'homme explorera le fond des mers et le découvrira. »

Alors les dieux dirent qu'ils ne savaient pas où cacher la divinité de l'homme, car un jour, l'homme explorerait tout son environnement et trouverait forcément la cachette.

Puis, le maître des dieux proposa ceci : « Voici ce que nous pouvons faire avec la divinité de l'homme : cachons-la au plus profond de lui-même, car c'est le seul endroit qu'il ne pensera pas à explorer. »

Depuis ce temps-là, l'homme a conquis les océans, les planètes, a fait le tour du monde et explore tous les pays, à la recherche de quelque chose qui se trouve en lui.

MON POINT COACHING

ÉTAPE 2

RESSENTIR L'AURA

DÉCOUVRIR SON CHAMP D'ÉNERGIE PERSONNELLE

Il se compose de différents systèmes énergétiques, que vous allez expérimenter maintenant. Le plus connu de ces systèmes énergétiques s'appelle **l'aura**.

L'être humain est énergie. Cette énergie vibre à plusieurs niveaux. Le niveau le plus dense de vibration est le plan physique, ce corps que nous voyons tous.

Toutefois, il existe d'autres niveaux de vibration. Ils peuvent être vus et ressentis par tous, avec un peu d'entraînement. Les personnes les plus sensibles les voient ou les sentent naturellement. Tous les bébés et les enfants aussi perçoivent ces autres « corps » qui nous entourent. Vous aussi avez été enfant ! Vous avez juste oublié que vous les voyiez, et l'éducation, la norme, nous ont signifié qu'ils n'existaient pas. Pourtant, c'est là !

Pour simplifier, **chaque « niveau de vibration qui nous entoure » est considéré comme un corps énergétique.** Il y a plusieurs « corps énergétiques » distincts : un corps éthérique, un corps émotionnel, un corps mental, un corps astral, et d'autres corps encore plus subtils. Habituellement, on en compte sept. Toutefois, selon les écoles et les traditions, on peut en dénombrer jusqu'à vingt et un. L'ensemble de ces corps forme ce qu'on appelle l'aura. Celle-ci a approximativement la forme d'un œuf.

Nombre de traditions ancestrales parlent de ces différents corps et de l'aura. Cette conception n'a rien de magique ou d'ésotérique. Dans presque tous les stages ou journées de formation que j'organise, les participants apprennent à « toucher » ou à « ressentir » les différents corps (ou au moins l'un d'entre eux). De même, ils « ré-apprennent » à « voir » le champ d'énergie. Quasiment tout le monde y parvient. Tout simplement, enfant, on ne nous a pas appris à voir, ressentir, expérimenter cette « dimension énergétique ».

Tous les enfants voient l'aura? Je pense que OUI, selon trois observations toutes simples...

1. Quand vous vous approchez d'un bébé, il est commun qu'il regarde tout autour de vous en souriant. Vous voyez ses yeux se promener dans l'espace qui vous entoure, et souvent vous captez son attention en lui parlant, afin qu'il porte son regard sur... votre corps physique. L'explication courante, c'est que les yeux des bébés ne peuvent pas vraiment fixer leur attention sur quelque chose de précis. Et si, en fait, les enfants voyaient, AUTOUR de vous, les niveaux d'énergie que les adultes ne voient plus?
2. Les enfants (de moins de six ans) vont quelquefois faire de drôles de réflexions, en rapport à la « couleur » (de l'aura?) de la personne qu'ils rencontrent. Ainsi: « Maman, pourquoi tu es toute rouge? » quand la maman est très énervée, à la limite de l'explosion. Ou encore: « Regarde Maman, le monsieur est tout noir », non par rapport à la couleur de peau de ce dernier, mais du fait des pensées négatives qu'il colporte et que l'enfant, d'une manière qui lui est propre, saisit.
3. Quand les enfants sont petits et qu'ils dessinent, ils « débordent ». Bien sûr, l'apprentissage de l'écriture, de la tenue du crayon, fait partie de ces « débordements », mais... Si vous observez, il arrive quelquefois que les couleurs utilisées et débordantes correspondent aux couleurs des chakras, aux couleurs énergétiques, que nous verrons un tout petit peu plus loin dans ce livre.

Ce ne sont là que quelques réflexions non scientifiques, mais nombre de personnes avec qui je les ai partagées ont toujours été intriguées et intéressées par cette vision.

RESSENTIR SON CORPS ÉNERGÉTIQUE

Je vous propose tout d'abord quelques « exercices » pour ressentir votre propre énergie :

1 - SENTIR L'ÉNERGIE DE VOS MAINS

Tout doucement, amenez vos paumes l'une vers l'autre, comme si vous vouliez applaudir, mais très doucement. Observez si, à un moment, vous sentez quelque chose, comme un frein, très léger.

À quelle distance se trouvent alors vos mains ?

....

Qu'avez-vous ressenti ?

....

....

....

....

....

....

....

....

....

....

....

....

....

Imaginez maintenant qu'entre vos mains se crée une balle d'énergie : plus vous y pensez, plus la balle grossit, se densifie.

Comment ressentez-vous cette « balle » ? Décrivez-la.

....

....

....

....

....

....

....

....

....

....

....

....

....

....

....

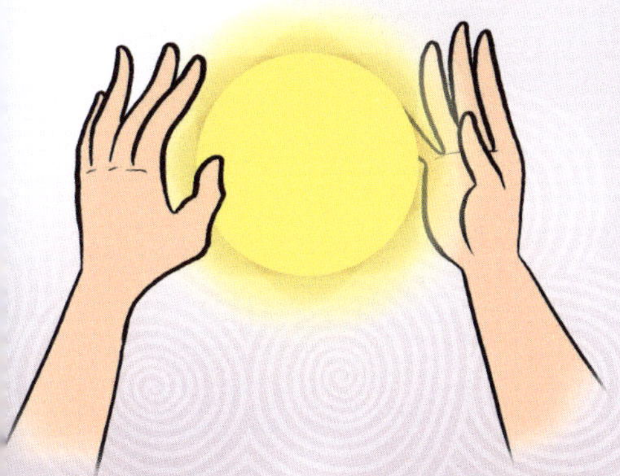

À la fin de votre observation, permettez-lui de se dissoudre doucement dans l'air qui vous entoure.

Imaginez maintenant que les doigts de votre main droite s'allongent doucement, un peu comme si vous aviez des doigts d'énergie plus longs que vos doigts physiques. Permettez maintenant à vos « doigts énergétiques » de chatouiller votre paume gauche. Au début, vos doigts peuvent être, pour ce test, à 3 ou 5 centimètres de votre paume. Puis faites des essais : éloignez-les de votre paume ; rapprochez-les. Constatez les différences.

Et notez-les.

....

....

....

....

....

....

Jouez à éloigner vos doigts de votre main.
Que ressentez-vous ?

....

....

....

....

....

....

....

2 - Observer l'énergie de vos doigts

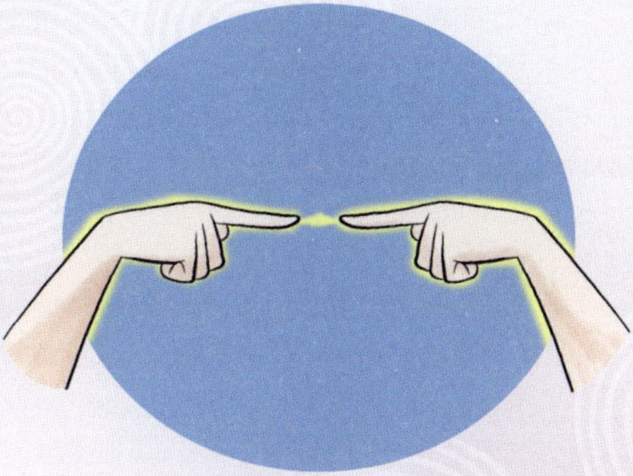

Je vous propose maintenant de pointer vos deux index l'un vers l'autre. Doucement, rapprochez-les, sans qu'ils se touchent. Regardez ENTRE les deux. Il ne s'agit pas du tout de loucher, mais de laisser s'installer une vision périphérique. Vous pouvez aussi imaginer que vous regardez avec le fond des yeux. L'idéal est que le fond sur lequel vous vous entraînez soit très bleu (un ciel d'été) ou bien blanc (un mur blanc bien éclairé). Rapprochez vos index, éloignez-les, observez. Ce que vous pouvez voir est très subtil et, au début, fugace.

Que voyez-vous ?

....

....

....

....

....

....

Témoignages

« Je vous avoue, la balle d'énergie, je n'ai pas senti grand-chose, et comme je suis du genre sceptique, je ne me suis pas inquiétée. Par contre, le chatouillis de la main, c'est juste incroyable. Je sentais vraiment comme si mes vrais doigts chatouillaient ou caressaient ma paume, mais mes yeux constataient que je ne touchais pas ma main. Ça fait vraiment bizarre, et j'en suis toute chamboulée. »

« Ce qui m'a le plus interloqué, c'est quand vous avez dit de regarder mes doigts, et la façon de regarder. J'ai fait ça tout seul durant des années quand j'étais gamin, je voyais mes doigts se toucher, comme maintenant. Je pouvais y passer des heures. Sauf que, comme personne n'en parlait, je n'ai jamais osé le dire. J'avais peur qu'on m'emmène chez le docteur et qu'il dise que j'étais fou. »

Ce que vous pourriez ressentir ou ce que vous pourriez voir : Il n'y a pas de bonnes ou de mauvaises réponses dans les exercices précédents. Chacun d'entre-nous a cultivé, en fonction de son évolution de vie, **des ressentis différents.** Tous ces ressentis sont valides. Certains sont juste plus courants que d'autres. Ce n'est donc pas parce que votre observation n'est pas listée ci-dessous qu'elle n'est pas admissible.

Lors de ces expérimentations, vous pourriez :

- ressentir du chaud, du froid, des picotis, des fourmillements, et d'autres sensations encore ;
- avoir sur votre « écran mental » (ce que vous « imaginez » ou « voyez dans votre tête ») toutes les couleurs pour votre balle, mais en particulier le doré, le blanc brillant, le jaune brillant, des couleurs qui n'existent pas vraiment dans la vie quotidienne.

Entre vos doigts, vous pourriez voir... les différentes premières couches de l'aura :

- ➡ une aura très brillante et dense tout près de vos doigts (à quelques millimètres), plutôt stable, très blanche ou bleutée ;
- ➡ une autre, jaune brillant ou blanchâtre, à quelques centimètres de vos doigts, et qui pulse (elle disparaît dès que vous l'avez vue) ;
- ➡ si vous éloignez vos doigts l'un de l'autre, l'énergie passe de l'un à l'autre, un peu comme avec ces anciens vendeurs de guimauve qui étiraient sans relâche leur bonbon brillant.

Ce que vous ressentez / voyez dépend du moment présent, mais aussi de votre parcours de vie. L'important ici, c'est que vous ayez eu un ressenti / une image.

Ensuite, il vous appartiendra d'apprendre à décrypter ce que signifie pour vous l'information que vous avez reçue.

Sachez qu'il existe des appareils pour mesurer l'énergie vitale ou l'augmenter. Vous pouvez même, dans certains salons spécialisés, faire photographier votre aura.

Connaître ses « organes énergétiques »

De la même façon que nous avons des organes physiques (cœur, foie, poumons et autres), nous avons ce que nous pourrions appeler des « organes énergétiques » : **les « chakras ». Chaque chakra a une fonction énergétique, physique et psychologique.**

Nos corps physique et énergétique sont constitués **de voies de circulation énergétique,** un peu comme des routes : ce sont les « méridiens énergétiques » de la médecine chinoise ou encore les *nadis* de la tradition indienne. Dans de nombreux endroits du corps, ces « routes » énergétiques se croisent. Il y a des « intersections » partout.

Toutefois, on peut distinguer sept énormes « échangeurs autoroutiers » de la circulation énergétique, que l'on appelle les chakras. Le mot chakra vient du sanskrit, qui signifie roue. Ce sont vos « organes énergétiques ». Ils se meuvent toujours et, comme leur nom l'indique, ils « tournent ».

Il y a sept chakras principaux.

Il y a donc sept chakras principaux. Sachez qu'il en existe de nombreux autres. Pour les désigner, on part communément du chakra du bas, le chakra racine, pour remonter jusqu'au chakra couronne, sur le haut de la tête. À chacun d'entre eux correspond une couleur (en lien avec la fréquence de la lumière mesurée à cet endroit).

Les chakras métabolisent l'énergie de l'univers, dans laquelle nous baignons tous, pour alimenter en énergie les différents corps. Ainsi, **chaque chakra est associé à une partie du corps physique, mais aussi des corps émotionnel, mental, et même spirituel.** Le système de croyances est donc également lié au fonctionnement des chakras, comme vous le verrez un peu plus loin.

Cela signifie que, si une faiblesse se ressent au niveau énergétique, cette faiblesse aura des répercussions sur le plan physique, car à cet endroit le corps physique sera moins protégé ; elle aura aussi des conséquences sur les plans émotionnel et psychologique.

Avant de vous les présenter plus en détail, je vous propose de les « expérimenter ».

EXPÉRIMENTER SES CHAKRAS

MÉDITATION

Prenez conscience de votre appui sur le sol, sentez vos pieds, le contact de vos pieds sur le sol. Portez votre attention sur votre appui sur ce sol... Sentez-vous plus vos talons ? Vos gros orteils ? L'intérieur de vos pieds ?

Laissez l'énergie de la Terre doucement monter le long de vos jambes. Faites-la grimper dans vos chevilles, parcourir vos mollets, vos tibias, vos genoux. Laissez cette énergie affluer le long de vos cuisses, et à l'intérieur de vos cuisses jusque dans les os. Cette énergie atteint maintenant votre bassin.

Portez maintenant votre attention au niveau de l'entrejambe, du périnée. C'est là que se situe le chakra racine, celui qui vous relie à la Terre. Sa couleur est le rouge. Prenez conscience du rouge que vous percevez. Laissez votre couleur rouge venir à vous, sans jugement. À quel type de rouge pensez-vous spontanément ? Laissez l'énergie du rouge circuler dans votre corps. Remerciez-le, aimez-le. Puis permettez à cette couleur rouge d'être vibrante, énergique. Aidez-vous pour cela de l'image d'une belle tomate, ou d'un champ de coquelicots. Laissez cette belle couleur énergique circuler dans tout votre corps, et dans toute votre aura.Si vous le souhaitez, ajoutez une déclaration à cette couleur rouge :
« Tous mes besoins matériels sont désormais pourvus. »
« J'accepte d'évoluer dans ce corps physique. »
« Je suis en sécurité dans ce corps, ici et maintenant. »

Laissez maintenant remonter votre attention sur le deuxième chakra, deux centimètres au-dessus de votre pubis. Réceptionnez sa couleur, l'orange, ou visualisez-la. Observez votre « orange ». Comment le qualifieriez-vous ? Est-ce une couleur que vous appréciez ? Permettez à l'orange de circuler dans tout votre corps. Est-ce quelque chose de facile pour vous ? Permettez désormais à cet orange de devenir tonique. Trouvez un exemple de couleur orange lumineux pour vous aider à la visualiser, comme le jus de fruits fraîchement pressé de belles oranges marocaines de la place Jemaa el-Fna. Laissez cette couleur lumineuse remplir toute cette partie de votre corps. Elle va revitaliser, énergétiser vos organes génitaux, la vessie et les intestins. Permettez à votre deuxième chakra de s'ouvrir à la félicité et à la puissance de l'énergie sexuelle et de la créativité. Cette lumière orange est magnifique. Elle va amortir tous les impacts émotionnels et renforcer votre vitalité physique. Laissez ce magnifique orange circuler dans votre corps physique et au-delà.

Continuez de remonter doucement votre attention. Vous êtes maintenant au niveau du plexus solaire. Le chakra du plexus solaire est de couleur jaune. Observez votre jaune. Comment le décririez-vous ? Visualisez votre ventre, et tous les organes qui s'y trouvent. Permettez à ce chakra de s'illuminer d'un jaune brillant et vivifiant. Vous êtes en parfaite harmonie, heureux, contenté, serein. Ce jaune est clair, tonique. Votre esprit devient limpide et positif.

Votre conscience continue sa lente remontée vers le chakra du cœur, au même niveau que l'organe physique du même nom, mais au centre de votre poitrine. Laissez la lumière de ce chakra s'ouvrir doucement à tout ce qui est. Ressentez sa couleur, le vert, ou visualisez-la. Ce vert est lumineux, comme une prairie ou les feuilles des arbres, c'est un vert plein d'une énergie magnifique. L'amour inconditionnel qui se trouve en vous se

libère et s'exprime. Permettez à cet amour pour la vie, pour toutes formes de vie, de se manifester. Vous ressentez ce bonheur d'aimer la vie, l'acceptation de la vie.

Un peu plus haut, laissez votre attention se porter sur votre chakra de la gorge. Ressentez l'énergie d'un bleu scintillant et vibrant, le bleu d'un ciel par temps clair ou de la mer des Caraïbes. Cette énergie remplit toute votre gorge, votre nuque, votre glande thyroïde. Ce bleu lumineux renforce vos facultés d'expression et de communication, vos paroles sont créatrices et pleines d'amour pur et éclatant.

Votre attention remonte maintenant au niveau de votre « troisième œil », au centre de votre front. Ce chakra est indigo, ou violet. Laissez cette couleur et son énergie s'exprimer. Laissez-la devenir lumineuse. Faites confiance à votre intuition et autorisez tous vos sens à se développer progressivement : ceux que vous connaissez, et les autres. Permettez à votre clairvoyance, à votre « clairaudience », de s'épanouir. Générez cette paix intérieure, laissez-la circuler dans toutes vos cellules, tous vos organes, tous les atomes de votre corps.

Vous arrivez maintenant au chakra couronne, au-dessus de votre crâne. Visualisez une belle lumière blanche scintiller au-dessus de votre tête. Cette énergie vous permet de fusionner avec l'univers et avec votre être supérieur. Permettez cette connexion avec l'univers, permettez à votre « moi physique » d'être à l'écoute de votre être spirituel, et acceptez de recevoir les informations que vous aviez prévues pour vous. Prenez conscience de la beauté de cette lumière blanche, magnifique, éclatante. Elle est là, votre guide, pour vous. Laissez cet amour, cette lumière, cette beauté vous baigner. C'est vous.

Et maintenant, vous allez redescendre doucement sur le plan terrestre, et reprendre conscience de votre entourage. Permettez à cette belle lumière de tournoyer tout autour de votre corps, dans une vibration d'amour et de lumière. Laissez cette lumière tournoyer en descendant autour de votre tête, votre nuque, et voyez la couleur bleue du chakra de la gorge. Vous reprenez conscience peu à peu des choses qui vous entourent. La spirale de lumière tourne et vous enveloppe, ainsi que vos épaules, votre cage thoracique, et vous voyez la couleur verte du cœur, de l'amour pour toute chose. Elle descend autour de votre ventre, vous voyez le jaune. Elle arrive et baigne le bas de votre dos, de votre bassin. Cet orange est lumineux, et vous reprenez contact avec votre rythme biologique. Elle continue sa descente, et vous revoyez ce rouge énergique, votre corps se réveille doucement. Vous reprenez conscience de vos membres inférieurs, de vos cuisses, de vos genoux, de vos pieds jusqu'au bout des orteils. Votre corps est totalement réveillé. Vous êtes de plus en plus éveillé. Et vous gardez avec vous le souvenir de votre véritable identité, la présence de cette étoile lumineuse que vous êtes, totalement régénérée, paisible et contentée. ***Vous êtes en paix.***

Reconnectez-vous bien à la Terre. Essayez de conserver ce sentiment de félicité.

Était-ce facile pour vous de suivre cette méditation ?

Quelles couleurs avez-vous vues ?

Quelles couleurs n'avez-vous pas vues ?

Quelles sont celles qui vous ont été agréables ?

Celles qui vous ont été désagréables ?

....

....

....

....

....

Avez-vous eu des difficultés à voir certaines couleurs sous un aspect très lumineux, comme cela était suggéré ? Si oui, lesquelles ?

....

....

....

....

....

Avez-vous constaté l'arrivée de certaines émotions, de certains souvenirs peut-être, que vous ne vous attendiez pas à retrouver ? Notez-les.

....

....

....

....

....

Comment vous sentez-vous maintenant ?

....

....

....

....

....

EXPLICATIONS

Une bonne circulation énergique
=
Bien-être
=
Vie équilibrée

Une bonne circulation énergétique permet un bien-être et une vie équilibrée. Si tout va parfaitement bien dans votre vie, vous ne devriez pas avoir eu de problème à visualiser toutes ces couleurs. Certaines ont peut-être provoqué chez vous un mal-être, une émotion, des souvenirs douloureux, une toux, des larmes... Il est possible aussi que vous n'ayez pas du tout pu en visualiser d'autres, ou alors des très sombres, ou des très claires. Si c'est le cas, lisez le récapitulatif suivant, très synthétique. Il vous donnera sans doute quelques pistes de réflexion.

Le premier chakra est de couleur rouge.
Il est aussi appelé ***« chakra racine »***.

😊 Aux niveaux énergétique et physique, il alimente les membres inférieurs, les reins, le bassin, et les organes du bas-ventre.

Aux niveaux émotionnel et psychologique, il représente la stabilité, l'ancrage à la Terre. Grâce à son bon fonctionnement, vous avez le sentiment de pleine sécurité, ici et maintenant. Vos besoins vitaux sont satisfaits et vous vous sentez à votre place sur cette planète, à laquelle vous savez que vous appartenez. Vous êtes capable de manifester rapidement ce que vous souhaitez.

Vous évoluez avec aisance dans le monde matériel (l'argent, les papiers administratifs, ou autres). Vous êtes régulièrement en connexion directe avec la nature, la Terre, ce qui vous permet de garder les pieds sur terre. Vous avez la capacité de vous défendre en cas de besoin et êtes parfaitement à l'aise avec le fait de prendre votre place pleinement.

☹ En cas de « fatigue ou mauvais fonctionnement » du chakra, vous pouvez : au niveau physique, souffrir de problèmes de jambes, de vertige ; vous sentir fatigué, dépressif, avoir constamment les mains ou les pieds froids ; avoir tendance aussi à être toujours « dans la lune », à vous réfugier dans « vos pensées » et à ne rien entendre de ce que l'on vous dit ; être également très « mental », avec une propension à toujours tout analyser et à vous inquiéter par avance. Vous éprouvez de nombreuses peurs, parfois même irrationnelles. À l'extrême, vous pourriez même avoir des tendances suicidaires. Ce qui « bloque » principalement le premier chakra ? Les peurs, actuelles mais aussi passées, encore présentes tout de même dans votre conscience. Ainsi, les agressions que vous auriez pu subir, celles auxquelles vous avez assisté, les décès soudains, et tout autre type de traumatisme violent, vous ayant laissé des peurs non dépassées. Des problématiques physiques peuvent aussi altérer le bon fonctionnement du chakra (par exemple une fracture du coccyx, dans le cas du premier chakra).

Je vous conseille, pour obtenir plus d'information sur ce thème, mon livre *L'Ancrage énergétique*, aux Éditions Jouvence.

Le deuxième chakra est de couleur orange.
Il est aussi appelé ***« chakra sacré »***.

Aux niveaux énergétique et physique, il alimente les organes génitaux, le bas du corps.

Sa fonction plus énergétique, émotionnelle et psychologique, concerne de nombreux domaines tels que : la sexualité (quantité et qualité d'énergie sexuelle, et d'énergie de vie tout simplement) et tout ce qui y est lié (la libido, la fécondité...) ; plus largement, la créativité, la joie de vivre, la confiance en soi, la capacité de prendre sa place, de manifester ce que l'on veut sur cette planète (le deuxième chakra est très lié au premier chakra), l'image de soi, le respect de soi-même, etc. Il est aussi la porte d'entrée de notre connexion aux émotions par rapport à soi-même (comment je me sens dans telle situation ?).

Les blocages énergétiques liés à différentes expériences de vie peuvent influencer notre capacité à vivre pleinement certaines situations et entraîner : un manque de confiance en soi ; des problématiques sexuelles ; une mauvaise image de soi ; un caractère dépressif ; un manque de joie de vivre ; etc.
Ce qui « bloque » principalement le deuxième chakra ? La culpabilité, tous les reproches que vous vous faites constamment, les « autoflagellations », qui ne vous mènent à rien, mais que vous n'arrivez pas à stopper. Peuvent aussi « freiner » ou altérer le fonctionnement d'un chakra des problématiques plus physiques ou émotionnelles : ainsi, les agressions sexuelles, les violences faites aux femmes, le harcèlement moral (image de soi de plus en plus négative), etc.
Les opérations ou cicatrices physiques peuvent aussi influencer la circulation énergétique. Je pense en particulier aux césariennes par

exemple. Lors de mes séances, les cicatrices sont quelquefois tellement importantes que je les « sens » comme un blocage énergétique. De manière très schématique – et vous m'en excuserez par avance –, si le chirurgien recoud la peau du corps physique, les circuits énergétiques ne sont pas forcément replacés lors de la suture. Une remise en circulation de l'énergie est possible avec un travail énergétique adéquat et, dans un premier temps, une prise de conscience.

Le troisième chakra est de couleur jaune.
Il est aussi appelé **« plexus solaire »**.

Il alimente au niveau physique l'estomac, le pancréas, les intestins, le foie, le haut du ventre.

Aux niveaux psychologique et émotionnel, il correspond au mental, mais aussi à l'émotionnel, car il représente le processus mental qui régule les émotions. Il permet une pensée libre et saine. La question principale du troisième chakra pourrait être : « Quelle est ma place dans la société ? » ou encore « Comment je me vois, me considère, dans cette société ? » Le troisième chakra fait aussi la part belle aux jugements (plutôt en relation aux autres – les jugements éventuels des autres qui m'effraient, ceux que je porte, ou pas, sur les autres), les jugements sur soi-même étant plutôt exprimés par le biais du deuxième chakra.

S'il existe des blocages dans le troisième chakra, cela peut entraîner, par exemple : une hypervigilance ; une tendance à tout contrôler pour se sentir en sécurité ; une difficulté à faire le lien entre le cœur et la sexualité... Au niveau physique, il arrive que se manifestent des problèmes digestifs, ulcères, de la constipation, une très grande anxiété, etc.

Ce qui peut bloquer le troisième chakra ? Un enfermement dans les jugements, ou le sentiment de honte (ce que vous ne voulez surtout pas que « le monde » sache sur vous).

Le quatrième chakra est de couleur verte.
Il est aussi appelé le ***« chakra du cœur »***.

Pour ce qui est de sa correspondance physique, il alimente le cœur, bien sûr, mais aussi les poumons, le haut de la cage thoracique.
Aux niveaux psychologique et énergétique, il correspond à nos relations avec le monde : les humains, mais aussi les animaux, les plantes. Il détermine notre possibilité d'amour inconditionnel pour tout ce qui est et la façon dont nous nous définissons dans nos relations. Il permet l'amour de soi tout comme celui pour les autres, le pardon et la compassion. Il fait le « pont » entre les chakras « du bas », qui sont des chakras d'ancrage, et ceux « du haut », qui sont des chakras plus spirituels, plus réceptifs. En cas de relation amoureuse naissante, il brille de mille feux...
Au contraire, en cas de deuil soudain, il est clairement mis à mal. Quand il présente des dysfonctionnements, il peut altérer la respiration, le cœur lui-même, provoquer de l'hypertension et autres. Aux niveaux émotionnel et psychologique, un blocage altérera la capacité de pardon, entraînera une difficulté de connexion dans les relations, de s'ouvrir au monde et d'en percevoir la beauté.

Ce qui le bloque ? La peine, la méfiance, les départs (séparation d'avec un conjoint, deuil, amitié brisée) non acceptés.

Le cinquième chakra est de couleur bleu clair.
C'est le ***« chakra de la gorge »***.

Au niveau physique, il alimente, entre autres, la gorge, la bouche, la langue, le cou, la glande thyroïde.

Aux niveaux psychologique et énergétique, il est en relation avec la capacité de s'exprimer, le fait d'oser dire sa propre vérité, sa vérité intérieure. Il correspond aussi à la possibilité de se nourrir et à la responsabilité de subvenir à ses besoins personnels. S'autoriser à recevoir peut aussi être lié avec ce chakra. S'il ne va pas bien, cela peut entraîner diverses problématiques au niveau physique, du mal de gorge à l'aphonie en passant par des dérèglements thyroïdiens plus graves, mais également, aux niveaux plus émotionnel et psychologique, des difficultés à demander de l'aide, à exprimer ce que l'on souhaite vraiment pour sa vie, des secrets, des non-dits...

Ce qui le bloque ? Nos mensonges, ou nos « omissions ». Ce que nous n'osons pas dire aux autres, mais aussi et surtout, ce que nous n'osons pas nous avouer à nous-même.

Le sixième chakra est de couleur violette
Il est aussi appelé ***« troisième œil »***.

Un bon fonctionnement de ce chakra permet une vision au-delà des apparences. Il apporte la capacité de « faire des liens » entre les différents évènements, de prendre de la distance pour avoir une compréhension globale des choses. Il correspond également à la visualisation et à l'appréhension des concepts mentaux. De là partent nos idées créatrices et

notre capacité à les mettre en pratique. Enfin, il permet aussi l'accès à nos capacités « extrasensorielles » (clairvoyance, « clairaudience », « clairressenti »), ce que l'on a coutume de définir comme « l'intuition ». C'est donc aussi le siège de l'intériorité.

En cas de dysfonctionnement, les idées pourraient devenir confuses, votre mental, embrumé. Vous pourriez accumuler des tas d'idées qui n'aboutissent jamais à rien, avoir du mal à imaginer, ou encore avoir « le petit vélo dans la tête », le mental qui tourne en permanence, au détriment d'une intuition et d'une capacité de vous connecter à vous-même. Possible même que vous construisiez un monceau d'idées négatives, ou que vous connaissiez des problèmes de concentration.
Ce qui le bloque? Un mental trop important, les illusions qui cachent la vérité, la croyance que tout est séparé, la télévision, les pensées ressassées qui deviennent l'histoire que l'on se raconte pour se rassurer.

Le septième chakra se situe au-dessus de la tête.
Il est blanc brillant.
Son autre nom ? Le ***« chakra couronne »***.

Il permet la connexion de l'individu à son « moi supérieur », à sa spiritualité. Cette connexion permet des expériences « cosmiques » difficilement descriptibles par des mots, et surtout, propres à chaque personne. C'est une connexion au divin, à l'univers, une capacité de se sentir en contact avec quelque chose qui nous est propre, mais qui est plus grand que soi. Il permet une « compréhension globale » des choses.
S'il est fermé ou altéré, le « sens » cosmique, la connexion au divin, devient difficile pour la personne, qui reste au niveau du mental.

Ce qui le bloque ? Un trop grand « matérialisme », les attachements terrestres.

Outre cette présentation assez succincte, je dois préciser que le « chakra couronne » est le pendant du « chakra racine ». En effet, chaque chakra se situe devant et derrière notre corps physique, excepté ces deux chakras, qui sont respectivement en haut et en bas de notre corps.

Pour une vie harmonieuse et équilibrée, l'énergie doit pouvoir circuler librement.

Les différentes épreuves de la vie, nos diverses blessures (voir *Les 5 Blessures de l'âme*, Éditions Jouvence) peuvent ainsi entraver nos « échangeurs autoroutiers » de l'énergie pour provoquer un gigantesque « bouchon de la circulation ».

Que va faire l'énergie alors ? Eh bien, pour garder la métaphore automobile, elle pourrait :

➡ emprunter un chemin de traverse et apprendre à en faire une future autoroute, à force de l'emprunter. Au bout d'un temps, elle va même oublier qu'il existait avant une autoroute équilibrée énergétiquement... C'est ainsi que nous allons dans la vie créer des schémas répétitifs, car nous aurons appris à réagir, par le passage dans ce chemin de traverse, toujours de la même façon face à une situation donnée. Un jour, dans le passé, cette ruse nous a servi, mais, dans une vie adulte, elle n'est peut-être plus d'actualité. Cependant, nous ne savons pas comment nous en débarrasser et reprendre la route initiale, qui, au niveau énergétique, est la route d'une croyance saine et équilibrée, d'un rapport au monde serein et respectueux pour soi-même ;

➡ s'accumuler encore et encore au même endroit, ce qui va boucher la route complètement et risque de provoquer l'explosion (tous les automobilistes se mettent à klaxonner en même temps, et tous les signaux deviennent rouges...). Aux niveaux émotionnel, psychologique et même physique, cela peut ainsi provoquer des malaises, des difficultés émotionnelles, un trop-plein... ;

➡ abandonner complètement cette voie, et la route devient déserte (et cette partie du corps énergétique n'est alors plus alimentée).

BON À SAVOIR

Comme l'explique parfaitement Michel Odoul, dans son ouvrage *Dis-moi où tu as mal, je te dirai pourquoi* : « Tout blocage physique se passe d'abord au niveau des énergies du corps, puis des émotions et de la psychologie consciente de l'individu. Le processus de densification continue ensuite dans le plan physique et se manifeste dans les méridiens, puis les organes et enfin les membres. C'est le plus bas niveau de densification des énergies. » Du reste, les expressions populaires expriment bien cet état de fait : le corps réagit avec ses émotions (on est figé de peur, aveuglé par la colère...).

Quelles applications, quelles implications ?

Cette approche est psycho-énergétique, et les questions, comme les réponses que vous y ferez, sont toujours à relativiser. Toute maladie ou douleur doivent absolument être suivies médicalement. L'approche psycho-énergétique vient en complémentarité d'un traitement médical – toujours – et ne le remplace en aucun cas.

Pour une prise de conscience peut-être un peu différente de vos affections, et suite à ce qui vient d'être dit, je vous propose une liste de questions, dont certaines sont inspirées des travaux de Paul Aurand, hypnothérapeute américain.

Avez-vous des malaises physiques actuellement ? Lesquels ?

....

....

....

....

....

Choisissez-en un, et prenez conscience de ce qu'il vous empêche de faire.

....

....

....

....

....

....

En étant tout à fait honnête avec vous-même, quels sont les bénéfices que vous tirez de cette problématique ?

....

....

....

....

....

Terminez les phrases suivantes :

Si je me guérissais moi-même uniquement par une prise de conscience, l'image que j'ai de moi ....

....

....

....

La raison pour laquelle j'ai ce problème est ....

....

....

....

Si j'étais en bonne santé maintenant, je serais ....

....

....

....

La chose bizarre dans ma maladie est que ....

....

....

....

Ma part de responsabilité dans ma maladie pourrait être que..
....
....
....

En acceptant cette part de responsabilité, je me sens...........
....
....
....

Si je pouvais me pardonner, je...
....
....

Si on me demandait si je m'aime vraiment, je répondrais......
....
....
....

Si je guérissais complètement, je perdrais..........................
....
....
....

Si je devais décrire ce que représente ma maladie par une image ou une métaphore, ce serait......................................
....
....
....

TÉMOIGNAGES

« Je n'ai pas du tout apprécié répondre aux premières questions de votre liste. Je ne voyais pas du tout en quoi mon mal au dos pouvait m'apporter des bénéfices ! Mais en vous écoutant citer quelques exemples, j'ai dû m'avouer que, effectivement, ça m'évitait de porter les courses et les bouteilles d'eau dans l'escalier ; que, du coup, c'était bien pratique pour obliger mon mari à passer l'aspirateur (rires dans l'assistance) ; et que, aussi, ça me faisait toujours quelque chose à raconter à mes collègues, et que ça me permettait de ne pas aller au travail de temps en temps, pour aller plutôt chez le médecin. Je n'avais jamais pensé à ça de cette façon. »

« Je suis très timide et réservée. J'ai beaucoup de mal à dire non, et à m'imposer. Alors que je répondais à certaines questions de cette liste, une d'entre elles m'a vraiment ouvert quelque chose dans la tête. À la question "La chose bizarre dans ma maladie est que…", j'ai répondu : "On ne la voit pas." Comme moi, en fait. J'ai l'impression d'être transparente, et qu'on ne me voit jamais. Or, même si je suis malade, personne ne le sait. Je suis séropositive, et ça ne se voit pas. »

BON À SAVOIR

Toujours selon Michel Odoul, « pour se libérer, il faut libérer les énergies densifiées, bloquées par nos émotions, nos pensées négatives, notre ressentiment, nos traumatismes. Si nous cherchons à comprendre la signification du symptôme et de la douleur, et que nous l'acceptons, alors il y aura une délivrance physique rapide. La grande finalité de l'existence est d'aboutir à la cohésion entre son guide intérieur et l'individu physique, incarné dans la matière. Si l'individu s'éloigne trop de son chemin de vie, le corps peut être amené à lui envoyer des signaux physiques puissants, pour l'obliger à s'arrêter et à l'écouter ». Il faut donc chercher à comprendre le sens de ce que nous vivons, « ouvrir sa conscience », pour apprendre petit à petit à se libérer des symptômes dérangeants.
C'est en cela que les soins énergétiques peuvent être d'une grande utilité (ouverture de conscience, travail sur soi). Il y a de nombreuses techniques de soin énergétique, je vous en reparlerai à la fin de cet ouvrage.

Si vous arrivez à faire le lien entre votre difficulté physique ou émotionnelle et la cause profonde de votre mal-être, alors vous pouvez choisir de faire les modifications nécessaires pour aller mieux. De la même façon que, si vous connaissez votre allergie à un aliment, vous allez choisir de ne plus en manger, n'est-ce pas ?
Voici quelques affirmations que vous pourriez vous suggérer intérieurement pour accélérer votre processus de prise de conscience (encore inspirées du travail de Paul Aurand, hypnothérapeute) :

- *Je comprends que ma maladie est un message de mon corps. Maintenant, j'écoute ce message et je le déchiffre.*
- *Je comprends que mon corps est intelligent. Maintenant, je connais sa sagesse. Je l'écoute et je le respecte.*
- *Maintenant, je prends les mesures nécessaires pour corriger mon problème.*
- *Je comprends chaque jour un peu mieux ce que mon esprit subconscient voulait me dire au moyen de ce problème.*
- *J'ai compris le message et j'agis afin de satisfaire les demandes de mon corps et de mon esprit subconscient.*
- *Je suis très reconnaissant à mon être supérieur. Maintenant, je sais l'écouter et toute ma vie en est améliorée.*

Pour une compréhension plus visuelle, permettez que je partage avec vous un dernier exemple.

Cette femme vient me voir pour un problème de confiance en elle, de libido, et un manque de joie de vivre. Schématiquement, le deuxième chakra pourrait être représenté comme sur le dessin ci-dessous. Il contient de nombreux autres aspects, mais en voici quelques-uns. Lors de la séance, il apparaît un sérieux blocage sur ce chakra.

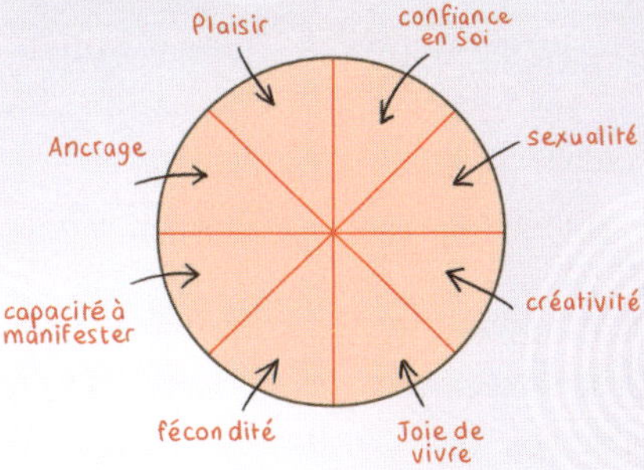

Effectivement, m'explique-t-elle après un certain temps, elle a subi plusieurs agressions sexuelles quand elle était enfant. Elle n'en a jamais parlé : trop de difficultés à s'exprimer par rapport à cela, peur de ne pas être entendue, culpabilité, etc. Cette agression a eu lieu il y a plus de vingt ans, aussi a-t-elle tout fait pour l'oublier (elle y est d'ailleurs parvenue, consciemment ; énergétiquement, non). Encore une fois, de manière très schématique, le traumatisme pourrait être représenté ainsi sur le chakra (voir ci-contre).

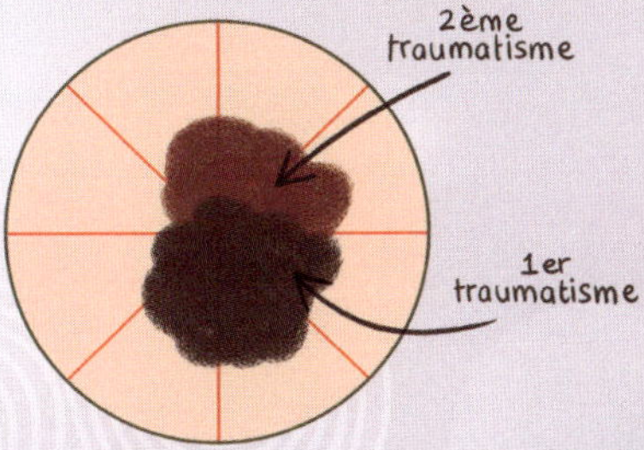

Bien sûr, vu de l'extérieur, un problème de libido dû à ce type de traumatisme paraît cohérent.

Pourtant, cette personne ne m'a pas du tout parlé de ces agressions en début de séance. Elle-même n'a pas fait le lien du tout.

De façon simplissime, vous pouvez voir comment ces terribles faits vont progressivement influer sur le bon fonctionnement du chakra, puis sur la vie quotidienne de la personne. Au fur et à mesure, l'énergie trouvera un autre chemin, comme il a été précédemment expliqué, pour alimenter ce chakra, mais certaines de ses fonctionnalités pourront se voir diminuées. Dans le cas de cette personne, il s'agissait de la libido (et de toutes les images associées à la sexualité), de la joie de vivre et la confiance en soi. Sans aller jusqu'à des traumatismes aussi extrêmes, d'autres circonstances de la vie peuvent influencer la bonne marche de vos « organes énergétiques » : un accouchement mal vécu, une humiliation trop forte, un sentiment d'abandon ou de manque, ou toute autre blessure forte. Chaque personne va réagir différemment à une même épreuve de la vie, en fonction de ce qu'il a à apprendre et à dépasser. Une remise en circulation énergétique est tout à fait possible, bien évidemment liée à un travail psychologique ou à un suivi médical, si besoin est.

Dans le cas de cette jeune femme, l'accompagnement psycho-énergétique s'est fait dans le sens du dépassement des sentiments de culpabilité et de honte ; puis du retrait des images négatives liées à la sexualité, au plaisir, au désir ; enfin, de la progression au plus près du pardon, de la compréhension de la blessure pour en découvrir le trésor et la transformer en force consciente.

« Ressentir » le corps énergétique d'une autre personne

Le plus difficile pour les « exercices » qui suivent : trouver un ami pour vous entraîner. Évitez de solliciter votre conjoint ou votre meilleur ami (vous êtes un peu trop proches). D'abord, prenez conscience que vous ressentez déjà l'énergie de vos amis, de votre famille. Tout naturellement. Comment cela ?

Eh bien, certains jours, même si votre enfant vous dit qu'il va bien, vous « sentez » que c'est faux, que quelque chose ne va pas. Et vous allez insister pour découvrir de quoi il s'agit. Ce que vous ressentez alors, c'est... son énergie, plus « basse » que d'habitude. Des signes visuels peuvent vous confirmer votre ressenti, évidemment. Pourtant, c'est bien l'énergie de « quelque chose ne va pas bien » que vous éprouvez en premier. Pourquoi le ressentez-vous sur ces personnes et pas sur d'autres ? Parce que celles-là font partie des gens que vous aimez, que vous côtoyez régulièrement, que vous connaissez. Avec de l'entraînement, il est possible de connaître ces ressentis pour des personnes que vous fréquentez moins, ou pas du tout. Pour cela, **il « suffit » de s'entraîner à ressentir...**

Faites le test

Demandez à un ami de découvrir l'émotion qui va vous habiter. Mettez-vous dans une « vibration » (c'est-à-dire pensez,

imaginez, sentez, ressentez) de la tristesse : par exemple, éprouvez la même tristesse que celle que vous avez connue lors des obsèques d'un être cher. Sans parler, en changeant votre attitude le moins possible, incarnez la tristesse et le deuil pendant quelques minutes.
Puis, questionnez votre ami. Que ressent-il à votre contact ? Quelle émotion nommerait-il ?
Ensuite, mettez-vous dans une vibration (pensez, imaginez, sentez, ressentez) de joie intense... Pensez à un des meilleurs moments de votre vie : la naissance de votre enfant, un voyage qui a beaucoup compté pour vous, ou même un lieu qui vous apporte la plénitude, la joie. Restez-y quelques minutes, en essayant de ne pas trop changer votre posture ou votre attitude.
Et questionnez votre ami. Quelle émotion ressent-il ? Comment décrirait-il ce qu'il ressent ?
Échangez les rôles. Demandez-lui de penser très fort à deux émotions (pas forcément les mêmes, mais les deux précitées sont si diamétralement opposées que, pour commencer, c'est assez simple). Soyez à l'écoute de vos ressentis.

Qu'avez-vous découvert / compris ?

....

....

FAITES LE TEST

Mettez-vous face à votre ami et décidez qui expérimente d'abord : la personne choisie va écarter son bras droit et doucement le rapprocher de son ami, qui ne fait rien. Fermez tous les deux les yeux pour cet exercice. Essayez de ne penser à rien. Si c'est trop difficile, mettez votre conscience, votre cerveau, vos yeux, dans votre main, et ressentez...
Au fur et à mesure que vous vous approchez de l'épaule de votre ami, votre main devrait ressentir différentes choses. Procédez très lentement.
Dès que vous sentez « quelque chose », ouvrez les yeux. Observez.

À quelle distance de l'épaule de votre ami se situe votre main ?

....

....

Qu'avez-vous ressenti dans votre main exactement ?

....

....

Qu'a ressenti votre ami à l'approche de votre main ?

....

....

....

....

....

INVERSEZ LES RÔLES

À quelle distance de votre épaule votre ami a-t-il arrêté sa main ?

....

....

Qu'a-t-il ressenti dans sa main exactement ?

....

....

Qu'avez-vous ressenti à l'approche de la main de votre ami ?

....

....

Proposez un petit thé à votre ami, et demandez-lui de rester encore un peu.

QUELQUES INDICATIONS COMPLÉMENTAIRES

Dans TOUS les stages ou ateliers que j'ai organisés sur ce thème, tout le monde a réussi à ressentir quelque chose. L'intérêt et la « magie » de l'énergétique, c'est que **chacun ressent différemment, en fonction de qui il est, de son histoire personnelle, de ses sens et ses capacités plus ou moins développés.**
Ainsi, certains vont éprouver du chaud, ou du froid, à l'approche du corps de l'autre (quelquefois à plus de 30 centimètres de distance, dès leur « première fois »). D'autres vont « voir » dans leur main comme des lignes, des grillages, des ondes. D'autres

encore vont ressentir des picotements, des gratouillis, une retenue, un stop…
D'aucuns vont même s'arrêter, à chaque essai, à la même distance du corps de leur cobaye, en me disant : « Je ne sens rien. » Sauf qu'ils cessent d'avancer toujours à la même proximité, à chaque fois. Ainsi, pourtant, ils sentent « quelque chose » quand même, qui les fait s'arrêter, mais ils n'arrivent pas à l'interpréter comme étant une indication de ressenti.

Quelles applications, quelles implications ?

Si, en faisant ce simple exercice, vous arrivez à ressentir le corps énergétique d'une personne à distance de son corps physique, imaginez le nombre d'interactions que vous avez directement, d'un corps énergétique à un autre corps énergétique, dans une seule journée. Dans la rue, dans les transports en commun, au travail… Vous êtes toujours en interaction avec quelqu'un, ne serait-ce que par vos corps énergétiques.

D'ailleurs, cette distance est déjà connue et reconnue. Sans parler d'énergétique, la « distance sociale », ou « proxémie », a été reconnue par un Américain, Edward T. Hall, qui a déterminé les distances intimes, personnelles, sociales et publiques, distances qui varient aussi selon les cultures.

Je trouve intéressant de lier ce concept à celui de bulle énergétique, d'autant plus que Hall lui-même, anthropologue, parlait de surface émotionnellement forte, et de surface de sécurité individuelle.

Comment respectez-vous votre nécessité de « bulle » ?

....

....

....

....

....

....

....

....

Celle des autres ?

....

....

....

....

....

....

....

....

Comment faites-vous respecter votre nécessité de bulle ?

....

....

....

....

....

....

....

....

« Ressentir » l'énergie qui circule dans ses mains

Installez-vous face à face avec votre ami. Vous devez être assez près pour pouvoir mettre vos mains au-dessus des siennes. Comme précédemment, vous inverserez les rôles à la fin de l'exercice, en notant ce que vous avez ressenti AVANT de le partager avec votre ami. De même, il notera son ressenti, et vous échangerez vos points de vue à la fin de l'expérience uniquement. Mettez vos mains à environ 20 centimètres au-dessus des siennes et ne faites rien. Laissez juste l'énergie s'installer entre vos mains et les siennes. Il n'y a rien à faire.

Vous noterez votre ressenti ici, à la toute fin de cette expérimentation.

....

....

....

....

Maintenant, durant 30 secondes, imaginez que vous « poussez » l'énergie qui sortirait de vos mains vers les siennes. Puis, revenez au mode « laisser faire » précédent, sans bouger vos mains.

Vous noterez votre ressenti ici, à la toute fin de cette expérimentation.

....

....

....

....

Durant 30 secondes, vous allez imaginer que vous « stoppez » la circulation de l'énergie entre vos mains et les siennes. Observez vos ressentis, votre respiration, si cela vous est confortable ainsi ou non. Revenez au mode « laisser faire » du début, sans bouger vos mains.

Vous noterez votre ressenti ici, à la toute fin de cette expérimentation.

....

....

....

....

Enfin, toujours durant 30 secondes, vous allez imaginer que vous « aspirez » l'énergie des mains de votre ami. Observez vos ressentis. Revenez au mode « laisser faire » habituel, sans bouger vos mains.

Vous noterez votre ressenti ici, à la toute fin de cette expérimentation.

....

....

....

....

Permettez à votre ami de noter lui aussi ce qu'il a ressenti durant les différentes phases de l'exercice :

« Laisser faire » :

....

....

....

En recevant l'énergie que vous poussiez :

....

....

....

Durant le « stop » :

....

....

....

En donnant l'énergie que vous aspiriez :

....

....

....

QUESTIONS POUR TOUS LES DEUX

Dans quelle partie de l'exercice vous sentiez-vous le plus à l'aise ?

....

....

....

....

....

....

Le moins à l'aise ?

....

....

....

....

....

....

En quoi vos réponses précédentes reflètent-elles ce qui se passe dans votre vie quotidienne ?

....

....

....

....

....

....

Inversez maintenant les rôles (votre ami met les mains au-dessus des vôtres). Procédez de même et notez chacun vos ressentis

Ressenti en mode	Mon ami	Moi
« laisser faire »		
« Pousser »		
« Stop »		
« Aspirer »		
Dans quelle partie étiez-vous le plus à l'aise ?		
Le moins à l'aise ?		
Lien avec votre vie quotidienne ?		
Différence avec l'expérimentation précédente ?		

Très certainement, lors de cette expérience, avez-vous noté que certaines postures sont moins faciles que d'autres. Il est possible que vous ayez ressenti des « choses » appartenant à la vie de votre ami. En partageant avec lui, peut-être avez-vous pu confirmer vos ressentis.

Témoignages

« J'ai fait cette expérience et j'étais très à l'aise avec le fait de "pousser l'énergie" dans les mains de mon partenaire. En fait, je me rends compte que, dans la vie, je suis toujours en train de "pousser", je ne m'arrête jamais. C'est sans doute pour cela que j'étais à l'aise avec ça. »

« Je n'ai pas du tout aimé quand vous avez dit de faire "aspirer". J'avais peur que la personne qui tenait ses mains au-dessus des miennes prenne toute mon énergie... Et de ne plus en avoir. Je suis contente que vous ayez rappelé que l'énergie est disponible tout le temps, partout, de manière illimitée. »

« Pour moi, la posture la plus difficile a été le "stop". J'ai ressenti quelque chose de froid, c'était très désagréable. Et puis, c'était comme si je n'étais plus en contact avec ma partenaire d'exercice, comme s'il n'y avait plus rien entre nous. Et puis, c'est vrai, je déteste l'immobilisme, je ne tiens pas en place habituellement. C'était tellement agréable quand tout est revenu à la normale ! »

Le peigne

Placez-vous tous les deux debout. Votre ami restera d'abord statique, puis vous inverserez les rôles.
Imaginez que sortent de vos doigts physiques des « doigts énergétiques », plus longs, lumineux. Observez, tout d'abord.

De quelle couleur les « voyez-vous / imaginez-vous » ?

....

....

....

Avec vos « doigts énergétiques », vous allez « peigner » l'aura de votre ami. Commencez à 10 centimètres au-dessus de sa tête, et descendez lentement le long du corps, jusqu'en bas. Répétez ce mouvement de haut en bas derrière votre partenaire, sur les côtés, sur le devant du corps, en recommençant à chaque fois au-dessus de la tête.
Gardez l'intention, pendant que vous faites ces descentes, de nettoyer, clarifier l'énergie de votre ami.

Qu'avez-vous senti ?

....

....

....

....

....

Comment se sent votre ami ? Qu'a-t-il senti ?

....

....

....

....

....

....

Inversez les rôles. Comment vous sentez-vous ?

....

....

....

....

....

....

Comment se sent votre ami ? Qu'a-t-il senti ?

....

....

....

....

....

Quelles applications, quelles implications ?

Spontanément, quand son jeune enfant se blesse, la maman met la main sur le « bobo ». Elle embrasse, elle câline. Elle montre de l'empathie. Elle est présente avec son enfant, et le console. Pour cela, elle interrompt tout ce qu'elle faisait pour être pleinement à l'écoute. Elle sait que son enfant en a besoin.

Nous sommes encore tous des enfants quand nous ne sommes pas au mieux de notre forme. **Nous avons besoin de présence, d'attention, d'empathie, de compréhension, d'énergie, d'amour.** Tout cela peut être transmis par une écoute attentive, une présence véritable, une main tendue, chaleureuse.

Dans les expérimentations précédentes, vous avez été pleinement à l'écoute de vos ressentis. Vous avez testé le ressenti d'une émotion, d'une énergie. À votre propre manière, vous avez eu des informations (chaleur, picotis, froid, images ou autres) que, peut-être, vous avez commencé à décoder. Ainsi, vous êtes en train de découvrir votre propre énergie, celle des autres, et comment elles interagissent.

Ce qui compte dans l'écoute, c'est la qualité de la présence.

MON POINT COACHING

ÉTAPE 2

ÉTAPE 3

RESSENTIR LE HARA

De la même façon que nous avons un système sanguin, un système respiratoire, un système lymphatique, tous très différents et pourtant interconnectés et ne fonctionnant pas l'un sans l'autre, nous avons d'autres dimensions énergétiques, peut-être un peu moins connues.

L'une d'entre elles a été nommée par Barbara Brennan la « dimension du hara ».

Le hara est assez connu par les pratiquants de qi gong, karaté, tai chi et, en règle générale, par les pratiquants de sports ou de techniques orientales. **Son point principal s'appelle le *tan tien*,** qui se situe dans le bas-ventre, à environ 3 centimètres en dessous du nombril (à peu près au niveau du deuxième chakra, donc. Pourtant, il ne se localise pas dans la même dimension ou, disons, sur le même plan : c'est un peu comme si vous parliez des poumons pour présenter le système sanguin ou le système respiratoire).

Le *tan tien* est le centre de votre être, votre capacité à être pleinement présent, votre point d'équilibre, le siège de votre pouvoir personnel.

Le tan tien est le centre de votre être, votre point d'équilibre, le siège de votre pouvoir personnel.

Dans la dimension du hara de Brennan, cette dimension se présente comme une ligne, traversant l'individu de haut en bas, et passant par quatre points principaux :

➡ le point d'individuation (qui je suis quand j'ai décidé de m'incarner), au-dessus de la tête ;

➡ le siège de votre âme (qu'est-ce qui me fait vraiment vibrer), au niveau du thymus ;

➡ votre *tan tien* (comment le manifester) ;

➡ le centre de la Terre (sur cette planète).

La qualité d'énergie de cette dimension est **l'énergie de l'intention.** Il s'agit de se trouver au bon endroit au bon moment, dans la bonne disposition, pour que votre intention se manifeste sans effort… Oui, c'est possible.

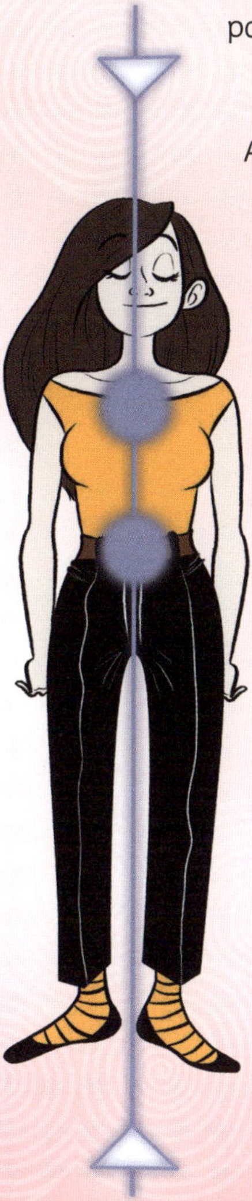

Avec un peu d'entraînement, il s'avère très facile de sentir les différences d'énergie entre cette dimension et la précédente.

Et c'est ce que je vous propose de tester maintenant.

Expérimenter la dimension du hara

Tout ce que vous avez à faire, c'est de visualiser cette ligne qui vous traverse, du centre de la Terre jusqu'au-dessus de votre tête. Pour plus de facilité au commencement, vous pouvez faire cette visualisation pas à pas.

Posez d'abord vos mains sur votre ventre, à 2 ou 3 centimètres sous votre nombril. Sous vos mains, visualisez votre tan tien *comme une sphère, de la taille d'une petite orange. Cette sphère peut être de la couleur du magma, rouge orangé, ou alors très blanche.*
Au bout de quelques minutes, vous pourriez ressentir de la chaleur, de la pesanteur, des chatouillis, etc.
C'est votre puissance intérieure que vous contactez là, votre magma interne, votre force de vie.

Imaginez ensuite que cette sphère de « magma personnel » se connecte au magma de la Terre. Ainsi, grâce à une ligne imaginaire, vous allez permettre à votre tan tien *d'aller « se ressourcer » auprès du magma terrestre. Laissez cette ligne imaginaire se renforcer en permettant les allers-retours entre le magma du centre de la Terre et votre* tan tien. *Maintenez cette connexion et votre visualisation plusieurs minutes.*

Bon à savoir

Certaines personnes préfèrent imaginer le centre de la Terre comme un cristal, ou un soleil intraterrestre. Quelle que soit l'image que vous utilisez, l'important est qu'elle vous permette de vous ressourcer.

Puis vous allez pouvoir laisser cette ligne imaginaire monter jusqu'à la hauteur de votre thymus, au milieu de la poitrine. Visualisez alors, ressentez, imaginez ces trois points sur votre ligne en essayant de les maintenir alignés, toujours en connexion avec le centre de la Terre.

Enfin, imaginez cette ligne de lumière s'étendre jusqu'au dessus de votre tête, un peu comme si vous aviez là votre étoile personnelle, à environ 50 centimètres de distance de votre crâne. Encore une fois, essayez de maintenir l'alignement de ces quatre points, en maintenant bien cette connexion au magma intérieur de la Terre.

Maintenez cette visualisation et la connexion à la Terre de cette manière, en restant focalisé sur votre « ligne » pendant quelques minutes.

Si vous deviez dessiner votre ligne avec ces quatre points, comment feriez-vous ?

▼ Qui je suis ?

● Désir de l'âme

● Votre *tan tien*

▲ Centre de la Terre

D'autres façons d'expérimenter ou de visualiser votre « ligne hara »

De manière générale, nous sommes le plus souvent coincés dans les affres du mental. Ces expérimentations ont pour but de vous faire revenir dans le présent, ici et maintenant, en vous concentrant sur le sol, plutôt que d'avoir la tête dans les étoiles.

Certains de mes clients m'ont fait part de leur visualisation favorite, toujours dans l'intention de rester bien présent et en sécurité sur cette planète. Comme vous allez le constater, ils ont adapté l'exercice à leur imagerie mentale. Je trouve cela magnifique.

Ainsi, vous pourriez imaginer :

- une ancre de marine accrochée à votre *tan tien*, bien lourde, descendant jusqu'au centre de la Terre ;
- vous entraîner à tenir debout dans le métro sans vous agripper, uniquement en vous concentrant sur vos pieds et sur ce « fil » invisible qui vous maintient au centre de la Terre ;
- vous tenir comme une danseuse, bien droit, avec l'image de ce fil qui vous tire le sommet de la tête vers le haut, tout en restant concentré sur le centre de la Terre ;
- des *Moon Boots* aux pieds, ces grosses chaussures après-ski qui permettent de marcher un peu comme le font les astronautes sur la Lune, avec des poids spéciaux pour rester bien rivés au sol...
- Et tout ce que vous pourriez imaginer d'autre pour visualiser cette ligne qui vous traverse...

Après avoir fait cette visualisation une petite dizaine de minutes, comment vous sentez-vous ?

. . . .

. . . .

. . . .

Avez-vous réussi à maintenir votre attention aussi longtemps ? Ou vous êtes-vous surpris à retrouver votre mental se promener dans vos pensées quotidiennes ?

. . . .

. . . .

. . . .

Pour moi, cette dimension ne se travaille pas du tout de la même manière que la dimension énergétique de l'aura.
Et vous, ressentez-vous une différence ? Laquelle ?

. . . .

. . . .

. . . .

En général, vous pourriez sentir que votre esprit s'apaise, que votre énergie devient plus posée, plus lourde, qu'il y a un ressenti de forte chaleur, de paix intérieure, de justesse interne… Peu importe. En fait, si vous éprouvez quelque chose de différent en comparaison de la dimension énergétique précédente, alors… c'est gagné !

Encore une fois, il n'y a pas là de bonnes ou de mauvaises réponses.

QUELLES APPLICATIONS, QUELLES IMPLICATIONS ?

Développer cette dimension vous permet de :

➡ vous aligner avec votre but de vie, ou le retrouver ;

➡ vous sentir en sécurité partout ;

➡ maîtriser vos émotions, pour rester dans votre intention ;

➡ rester concentré, contrairement au fait de vous sentir dispersé ;

➡ manifester beaucoup plus vite ce que vous souhaitez créer pour votre vie, en restant « au service de votre cause » et non au service de l'ego.

Mon point coaching

ÉTAPE 4

RESSENTIR VOTRE ESSENCE DIVINE

Toujours selon Barbara Ann Brennan, il y a une quatrième dimension énergétique, que nous pourrions appeler l'« essence divine » ou « qui-je-suis », de toutes les facettes de mon être.

J'aime comparer cette dimension à une boule à facettes, comme celles des années 1970, en pleine période disco. D'abord parce que c'est amusant, que cela rappelle des bons souvenirs pour certains et illustre bien le propos.

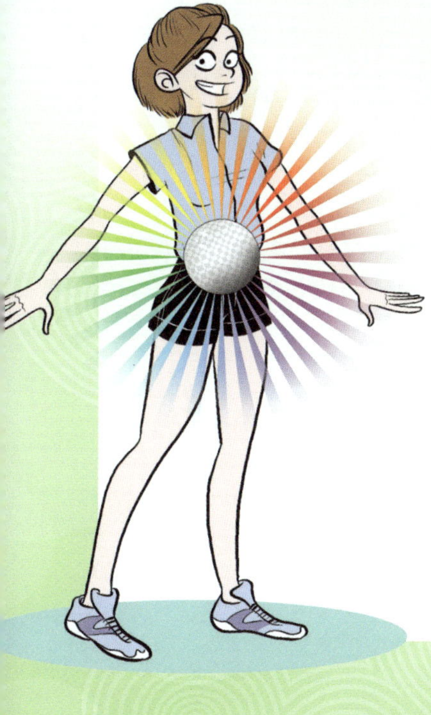

Ainsi, par exemple, je m'appelle Mary Laure, je suis énergéticienne, je suis maman, je suis auteure, je sais faire des bijoux en argent, j'aime voyager, etc. : comment fais-je pour oser présenter au monde les différentes facettes de mon être tout en me sentant en sécurité sur cette planète?

Je viens de parler de moi, mais en fait, je parlais de vous : comment osez-vous, vous, présenter toutes les facettes de votre personnalité au monde, pour lui apporter votre contribution et déployer ainsi l'être fantastique que VOUS êtes?

Expérimenter son essence divine

Vous ne vous souvenez plus de votre « boule à facettes » ? Je vous propose de la réexpérimenter maintenant.

Installez-vous confortablement dans un fauteuil ou, même, allongez-vous. Laissez votre corps tomber mollement dans le creux molletonné des coussins, ou bien encore calez-vous bien à l'aise sur les couvertures de votre lit.

Prenez trois grandes et longues inspirations ventrales, en gonflant bien le ventre sur l'inspiration, et en soufflant doucement pour l'expiration. À chaque expiration, laissez vos pensées perturbantes partir doucement avec votre souffle, et enfoncez-vous à chaque fois un peu plus dans le creux du fauteuil ou de votre lit.

Je vous propose maintenant de vous connecter à votre meilleur souvenir, à ce qui vous a vraiment mis en joie profonde, comme le plus beau jour de votre vie, votre plus beau voyage, le jour de la naissance de votre enfant, le moment où vous vous êtes senti le plus épanoui, rempli, serein, apaisé. Vous pouvez aussi penser à quelque chose ou à quelqu'un que vous aimez vraiment, inconditionnellement : vos ou votre enfant(s), un endroit particulier dans le monde, votre animal de compagnie, bref, ce qui vous fait vraiment vibrer, ce que vous aimez complètement, pleinement, inconditionnellement. Connectez-vous à cet amour que vous ressentez pour cette personne, ou que vous avez ressenti à ce moment précis, et laissez grandir cet amour à l'intérieur de vous. Vous éprouvez cet amour vraiment fort, de plus en plus fort, et d'ailleurs, il envahit au fur et à mesure tout votre être, il s'installe maintenant dans tout votre corps, au sein duquel il irradie partout. C'est une sensation fantastique. Profitez de cette sensation.

Puis laissez encore un peu plus cet amour s'étendre, briller comme un soleil. Il irradie maintenant tellement tout votre corps que ses rayons en débordent, illuminent tout ce qui vous entoure. Vous laissez cette lumière, la lumière de votre amour, se propager dans toutes les directions, votre maison tout entière, votre ville, le monde même... Prenez votre temps pour laisser vos rayons de soleil, votre boule à facettes, briller et illuminer le monde...

Voilà, c'est vous. Oui, vous ! Toute cette lumière, tout cet amour, c'est vous.

Profitez de ce moment.

...

...

...

Sans précipitation, et tout doucement, vous pourrez réintégrer votre corps et revenir paisiblement dans le rythme de votre vie.

Comment vous sentez-vous ?

....

....

....

....

Vous l'avez sûrement remarqué, nous présentons bien souvent une facette de nous-mêmes en société, une facette de nous-mêmes en entreprise, une facette de nous-mêmes dans l'intimité, une autre auprès de nos amis... Différentes facettes dans différentes situations, mais jamais complètement nous-mêmes.

Pourquoi cela ?

Eh bien, notre éducation, la bienséance, le « passe-ton-bac-d'abord », les expériences et émotions rattachées à ces expériences malheureuses, tout cela fait que, au fur et à mesure de la vie, nous avons finalement rentré nos différentes facettes, ou arrêté de les laisser briller...

Par exemple, disons que vous vous êtes incarné sur cette planète pour devenir... artiste, et faire ainsi profiter le public de vos talents de clown et le divertir... Mais « artiste, ce n'est pas un métier », avez-vous entendu dire tous les jours lors de votre adolescence... Alors, après avoir tout de même lutté pour défendre votre rêve, vous vous êtes laissé convaincre et vous avez suivi des études d'ingénieur : tellement plus sécurisant comme univers, selon vos parents...

Et puis vous vouliez faire du skateboard, mais, « c'est dangereux pour les genoux »... Alors vous avez chanté dans la chorale locale... Là, au moins, vous ne risquiez rien...

Et voilà comment deux facettes d'une personnalité se ternissent au fur et à mesure... jusqu'à ce qu'un jour, peut-être, vous décidiez de reprendre en mains vos rêves, de laisser « re-briller » votre boule à facettes et d'incarner pleinement vos intentions...

QUELLES APPLICATIONS, QUELLES IMPLICATIONS ?

À quoi servent toutes ces explications, toutes ces démonstrations ?

➡ D'abord, à vous faire prendre conscience que **VOUS êtes responsable de votre propre énergie.** Vous avez **la capacité d'influer la façon dont vous vous sentez.** Vous sentir bien ne vient pas forcément de l'extérieur, de ce que vous possédez ou des personnes qui vous entourent. Non !

Vous pouvez vous sentir mieux tout simplement en :

- modifiant l'endroit où vous vous trouvez ;
- prenant le temps de respirer différemment ;
- ou même en pensant à quelque chose de joyeux et de positif.

Éteignez la télé et mettez l'accent sur ce qui vous plaît vraiment, sur ce qui vous apporte de la joie.

➡ À vous suggérer que vos maux ou difficultés physiques et émotionnelles pourraient bien être le résultat d'un déséquilibre énergétique, d'une mauvaise circulation à cet endroit précis de votre corps, et à **vous inciter à écouter votre corps.**

Votre corps physique est un outil, votre outil. Il vous communique ses propres difficultés et son manque de circulation énergétique en vous exprimant son mal-aise par des maux, qu'il ne peut pas exprimer explicitement. Il vous appartient d'apprendre à l'écouter, pour comprendre d'où vient ce déséquilibre, un peu comme si le corps était un compas, un indicateur, un GPS géant. Si l'on considère votre boule à facettes, votre hara, et votre corps, la question pourrait être la suivante :

En quoi vous êtes-vous éloigné de votre projet de vie, de votre mission d'âme ?

. . . .

. . . .

En quoi votre mal-a-dit vous oblige-t-elle à reconsidérer vos choix?

. . . .

. . . .

Comment pourriez-vous modifier votre vie pour vous rapprocher de ce qui vous fait vraiment vibrer, de ce qui vous éclate et vous apporte la joie au plus profond de vous ?

. . . .

. . . .

. . . .

. . . .

Eh oui, c'est exact, cela implique quelquefois de prendre des décisions drastiques pour remettre en circulation votre énergie, votre joie de vivre.

➡ À vous montrer que **vous êtes tellement plus grand que ce que vous croyez.**

Il arrive que l'on se sente coincé dans sa propre vie, acculé, enfermé. Cette découverte énergétique a pour moi été une révélation. Je me suis souvenue que je voyais, sentais tout cela lorsque j'étais enfant. Cela a rouvert la porte de mes rêves, de mes envies, de mes possibilités. Si j'ai cette faculté d'influencer mon énergie, alors j'ai plein d'autres facultés que je peux continuer de développer tout au long de ma vie pour évoluer et grâce auxquelles je peux faire ce qui a du sens pour moi.

Qu'est ce qui aurait du sens pour vous ?

. . . .

. . . .

. . . .

Comment pourriez-vous le mettre en place ?

. . . .

. . . .

. . . .

MON POINT COACHING

MON POINT COACHING

BONUS 1

J'AI UN (DES) CORPS ÉNERGÉTIQUE(S), ET APRÈS ?

Après avoir découvert votre corps énergétique et expérimenté une autre vision de vous-même, peut-être vous demandez-vous à quoi sert toute cette information. Eh bien, si vous savez qu'il vaut mieux privilégier l'eau car les boissons trop sucrées sont mauvaises pour la santé, vous allez progressivement changer vos habitudes, n'est-ce pas?

La prise de conscience de ces nouvelles dimensions de votre être peut vous permettre de choisir d'emprunter une nouvelle voie, celle du développement personnel, pour avancer encore plus vers la découverte de vous-même, et peut-être vous offrir une vie (encore plus) épanouie.

À LA DÉCOUVERTE DES SOINS ÉNERGÉTIQUES

Il existe de nombreux types d'accompagnements énergétiques. Si vous êtes malade, blessé, déprimé, dépressif, ils doivent obligatoirement se faire en complémentarité avec la médecine en cours dans votre pays. Ils ne peuvent pas la remplacer.

En France, ces techniques, même si elles se développent, ne sont pas encore très populaires. Il faut savoir que, dans certains pays, ces accompagnements sont pleinement reconnus, allant même jusqu'à faire l'objet d'un remboursement par les mutuelles ou la sécurité sociale locale. Ainsi, en Suisse, au Canada, en Belgique, en Allemagne, les soins énergétiques sont assez développés, et certaines de ces techniques complémentaires sont pleinement incluses dans un accompagnement médical plus classique. Aux États-Unis, là où se situe l'école Barbara Ann Brennan, dont je suis diplômée, les techniques de *healing* ont quelquefois même leur place en milieu hospitalier. D'ailleurs, la plupart des diplômés Brennan ont un parcours médical ou paramédical. En France, ces possibilités arrivent au compte-gouttes, mais elles arrivent. Un hôpital de ma ville, par exemple, a ouvert un pôle « complémentaire » pour accompagner plus largement les malades vers une meilleure santé, avec naturopathie, kinésiologie, shiatsu, sophrologie, ostéopathie. **C'est un bon début.**

Il existe de nombreuses modalités de soins énergétiques, comme - la liste n'est pas exhaustive - le reiki, le magnétisme, le biomagnétisme, l'ondobiologie, la kinésiologie, EMF Balancing Technique®, EFT (technique de libération émotionnelle), Quantum Touch®, le shiatsu, et bien sûr Barbara Brennan Healing Science®.

Qui peut en bénéficier ?

Les soins énergétiques sont bénéfiques pour tous : enfants, ados, adultes, personnes âgées et également en fin de vie, animaux, et même plantes.

Quels sont les intérêts d'un accompagnement énergétique ?

Ils sont multiples :

- ➡ antistress et profonde détente ;
- ➡ supplément d'énergie pour un recentrage et une « ré-harmonisation » des énergies de la personne ;
- ➡ soulagement des douleurs ;
- ➡ stimulation des processus d'autoguérison et de récupération de la personne, renforcement du système immunitaire ;
- ➡ élimination des toxines et stimulation des émonctoires ;
- ➡ libération des blocages émotionnels ;
- ➡ élimination des peurs dans le champ vibratoire de la personne pour une résolution plus rapide de ses problèmes personnels ;
- ➡ élimination des croyances négatives et limitantes pour un champ d'évolution plus grand, et un changement de comportement possible ;
- ➡ remise en circulation de l'énergie pour une plus grande légèreté et sérénité ;
- ➡ apaisement du mental, discernement plus grand ;

- connexion avec son être intérieur, ce qui permet d'aborder la vie différemment et d'être enfin en accord avec qui l'on est vraiment ;
- accélération du travail spirituel et évolution personnelle.

Les soins énergétiques visent l'harmonisation de l'être dans sa totalité aux niveaux physique, émotionnel, mental et spirituel.

Comment se passe une séance ?

Cela dépend vraiment du praticien et de la technique utilisée. Généralement, une séance dure environ une heure. Le praticien vous écoute et vous accompagne dans votre réflexion. Puis, en fonction des techniques avec lesquelles il accompagne, et de la problématique que vous rencontrez sur le moment, il peut travailler en face à face (chacun dans son fauteuil) ou vous demander de vous allonger.

Très souvent, le client (le mot « patient » est réservé au monde médical) ressent parfaitement qu'il se passe « quelque chose », même s'il lui est difficile de définir vraiment quoi. Certaines personnes vont ressentir cela durant le soin, et d'autres, dans les jours qui suivent. Un travail énergétique n'est pas magique, et il faut généralement plusieurs séances pour avoir un résultat concret, visible, et surtout durable. Il arrive que les changements soient rapides et spectaculaires, mais ce n'est pas la majorité des cas. Habituellement, les résultats se constatent par des petites évolutions, des façons d'agir que l'on n'avait pas avant, des prises de conscience entre les séances. L'objectif de l'accompagnement énergétique reste un développement personnel vers le mieux-être et, surtout, une prise de conscience au quotidien.

DE LA VISION OCCIDENTALE À LA VISION ÉNERGÉTIQUE

Vous venez d'expérimenter différentes dimensions énergétiques de votre être et, peut-être, de découvrir quelques-unes de vos possibilités, de vos capacités. J'espère aussi que vous avez compris comment cette vision vous permet de vous considérer autrement, de manière plus globale. Vous êtes un être holistique, et l'ensemble de ce que vous avez vécu jusqu'à présent forme « qui vous êtes », pas seulement dans votre mémoire, mais dans toutes les dimensions de votre corps, physique ET énergétique.

Je vous ai présenté ces différentes dimensions selon une approche occidentale, compréhensible par tous, je l'espère. J'ai pour ce faire déroulé ce livre pas à pas vers la vision la plus globale de votre être (votre essence divine, que j'ai appelée votre « boule à facettes »).

Or, selon la vision énergétique, j'aurais dû écrire cette progression… à l'envers :
En effet, c'est votre « essence divine », cette magnifique boule à facettes, qui est unique et qui est « vous », qui décide de s'incarner. Elle déploie alors son intention dans la dimension du hara. De là, le corps énergétique se développe en conséquence.

Puis, notre corps physique croît pour nous permettre de réaliser ce que nous sommes venus faire...

Comme je vous l'ai déjà expliqué, si, au fur et à mesure du temps, nous laissons nos « facettes » arrêter de briller, des malaises émotionnels, puis éventuellement physiques, apparaîtront pour nous signaler que nous nous sommes éloignés de notre chemin de vie...

Aussi, je vous suggère de reprendre cette lecture telle qu'elle aurait dû être, dans le « sens énergétique ». Si je n'ai pas présenté ce livre ainsi dès le début, c'est parce que cette prise de conscience peut être assez perturbante selon cet ordre de progression. J'ai donc préféré vous présenter ces concepts petit pas par petit pas.

Reprendre ce livre en commençant par la fin...

Si vous vous sentez prêt, alors empruntez le chemin suivant :

Déployez d'abord votre magnifique boule à facettes, l'intégralité de « qui vous êtes ».

Prenez le temps de rayonner comme un soleil. Vous êtes magnifique, et vous avez l'intention de montrer au monde qui vous êtes. Vous avez plein d'idées pour cette planète.

Pourriez-vous dire lesquelles exactement ?

. . . .

. . . .

. . . .

Comment les réaliseriez-vous,
si vous pouviez tout faire ?

. . . .

. . . .

. . . .

. . . .

Ne serait-il pas vraiment formidable de pouvoir vous incarner pour concrétiser vos idées sur la Terre ? Apporter au monde le formidable soleil que vous êtes... ?

Suivez votre ligne d'incarnation

Permettez-vous de prendre le chemin de la descente vers la Terre, un peu comme si vous tiriez un trait entre le soleil que vous êtes actuellement et la Terre, et suivez cette ligne, pour vous incarner doucement sur cette planète.

Est-ce quelque chose de facile pour vous ?

. . . .

. . . .

. . . .

. . . .

Vous sentez-vous en sécurité en empruntant cette ligne ? Quels sont les obstacles, les peurs que vous rencontrez dans cette visualisation ?

. . . .

. . . .

. . . .

Quels sont ceux que vous avez dans votre vie actuelle ? Y a-t-il un lien ?

. . . .

. . . .

. . . .

. . . .

Au bout de cette ligne d'incarnation se trouve votre corps physique et énergétique. Vous avez maintenant la possibilité de laisser briller ce soleil que vous êtes, et que vous venez d'expérimenter, tout au bout de cette ligne, du côté de la Terre, dans votre corps physique.

Est-ce possible, pour vous ? Si non, comment cela pourrait-il se faire ?

. . . .

. . . .

. . . .

. . . .

Y a-t-il des choses qui vous bloquent dans cette visualisation, qui empêchent de vous laisser briller totalement du côté terrestre de la ligne ?

. . . .

. . . .

. . . .

. . . .

. . . .

Quels pourraient être vos ressources, vos soutiens, pour mettre en place ce que vous aviez envie de déployer ?

. . . .

. . . .

. . . .

. . . .

. . . .

Pour nombre de personnes, cette visualisation est assez « remuante ». En effet, elle met en lumière les obstacles intérieurs que vous avez sans doute rencontrés dans votre vie. Sachez que, quand même, elle « nettoie » et favorise la prise de conscience pour lancer les changements nécessaires dans votre existence.

MON POINT COACHING

MON POINT COACHING

BONUS 2

Trois clefs pour augmenter son énergie

Vous trouverez dans les pages suivantes trois clés pour vous aider à changer intérieurement et augmenter votre vibration et votre niveau d'énergie.

Il existe de nombreuses façons d'augmenter votre énergie : faire du sport, danser, écouter de la musique, rire, se connecter à des moments de votre vie où vous vous êtes senti fort, puissant, serein, en paix et en harmonie totale. J'ai choisi pour vous trois clés qui ont très bien fonctionné pour moi : j'espère qu'elles vous plairont.

J'adore ce texte de Louise L. Hay, extrait de son livre *Transformez votre vie* (par la pensée positive). Tout au début de mon chemin spirituel, je dois l'avouer, je n'arrivais pas à lire ce texte sans pleurer... Du coup, je l'ai lu tous les jours, en le ressentant vraiment le plus possible. Aujourd'hui, ce texte est pour moi la base. Je ne pleure plus en le lisant, bien au contraire, j'éprouve une immense gratitude à sa lecture, et je remercie la vie de pouvoir me permettre de vivre cela.

Le traitement par l'Amour

Au centre profond de mon être se trouve un puits infini d'amour. Je laisse à présent cet amour déferler à la surface. Il emplit mon cœur, mon corps, mon esprit, ma conscience, il émane de moi, rayonnant dans toutes les directions, et me revient amplifié. Plus je donne d'amour, plus j'en ai à donner ; la source est intarissable. Faire agir l'amour me rend heureux, c'est une expression de ma joie intérieure.
Je m'aime, donc je prends soin de mon corps avec amour. Avec amour je lui donne les aliments et boissons qui le nourrissent, avec amour je le soigne et l'habille, avec amour il me répond en vibrant de santé et d'énergie.
Je m'aime, donc je m'assure un logis confortable, où j'ai plaisir à me trouver et qui pourvoit à tous mes besoins. J'emplis les pièces de vibrations d'amour, afin qu'en entrant,

tous – y compris moi-même – sentent cet amour et en soient nourris.
Je m'aime, donc je fais un travail qui me plaît vraiment, avec et pour des gens que j'aime et qui m'aiment ; un travail qui met en valeur mes compétences et talents créatifs tout en m'assurant de bons revenus.
Je m'aime, donc j'ai une attitude et des pensées aimantes envers tout le monde, car je le sais, tout ce que j'émets me revient amplifié. J'attire uniquement des gens aimants dans mon univers, car ils sont un miroir de ce que je suis.
Je m'aime, donc je pardonne et libère complètement le passé et toutes les expériences passées, et je suis libre.
Je m'aime, donc j'aime sans réserve l'instant présent, j'expérimente chaque moment comme agréable, sachant que mon avenir est lumineux, joyeux et protégé ; car je suis l'enfant aimé dont l'Univers prend soin avec amour maintenant et toujours. Qu'il en soit ainsi.

APPRENEZ À DIRE MERCI

La deuxième clé, je viens de vous en parler, c'est la « gratitude attitude ». Trop souvent, les gens se plaignent en oubliant la chance inouïe d'expérimenter la vie... Je remercie l'auteur inconnu pour ce texte d'une telle beauté. Se reconnecter à la gratitude permet d'immédiatement augmenter son taux vibratoire, la qualité de son énergie, pour se reconnecter au positif de la vie, et à la joie d'être en vie.

La Gratitude

Du plus profond de moi-même, je rends grâce pour l'amour que je suis.
Pour l'amour qui est dans ma vie et pour l'amour qui m'entoure, MERCI.
MERCI pour le miracle de vie que je suis.
Pour le merveilleux cadeau de la vie qui m'habite et qui m'entoure, MERCI.
MERCI pour ce corps parfait.
Pour ma santé et pour mon bien-être, MERCI.
MERCI pour l'abondance que je suis.
MERCI pour l'abondance que je vois tout autour de moi.
MERCI pour toutes ces richesses.
Pour la richesse de ma vie, MERCI.
MERCI pour le flot d'argent qui se dirige vers moi et qui s'écoule à travers moi.

Pour l'aventure de ma vie et les myriades de merveilleuses possibilités et probabilités qui s'offrent à moi, MERCI. MERCI pour l'émerveillement, MERCI pour la joie, MERCI pour la beauté et l'harmonie, MERCI pour la paix et la tranquillité, MERCI pour les rires et MERCI pour les divertissements. Et pour le privilège de servir et de partager le cadeau que je suis, MERCI, MERCI, MERCI.

OSEZ LA JOIE

Trop souvent, nous n'écoutons pas les messages transmis par notre corps, notre ressenti, notre intuition... Vous connaissez cette expression : « La première impression est toujours la bonne » ? C'est finalement assez vrai.

Votre première impression arrive sans filtre, votre corps physique réagit quelquefois et, avec un peu d'attention et de prise de conscience, vous sentirez vos corps énergétiques et émotionnels réagir aussi. Trop souvent, le mental, nos pensées, reprennent le dessus, écartant notre ressenti et le considérant comme non valable. Quelle tristesse, n'est-ce pas ?

Oser la Joie, *c'est oser réécouter les signaux, les messages de votre inconscient, de votre corps, vos émotions.*
➡ *Même si ce n'est pas en accord avec ce que vous pensez.*

Oser la Joie, *c'est arrêter de faire ce qui vous rend malheureux.*
➡ *Même si « ça ne se fait pas ».*

Oser la Joie, *c'est mettre en place petit à petit ce qui vous apporte le plaisir de vivre.*
➡ *Même si ce n'est pas facile.*

Oser la Joie, *c'est expérimenter ce qui pourrait être drôle, finalement.*
➡ *Même si vous ne riez plus depuis longtemps.*

Oser la Joie, *c'est sortir de ce qui vous enferme, pour aller vers l'inconnu qui vous attire.*
➡ Même si cela vous fait peur.

Oser la Joie, *c'est recommencer à vous faire du bien, à faire attention à vous, à prendre du temps pour vous.*
➡ Même si, pour les gens qui vous entourent, cela peut être déstabilisant.

Oser la Joie, *c'est accepter que les changements vers une vie avec plus de soleil ne soient pas toujours spectaculaires et radicaux.*
➡ Ils peuvent être subtils et importants pour vous.

Oser la Joie, *c'est finalement être et faire ce que vous désirez vraiment.*

Oser la Joie, c'est suivre vos rêves, pour apporter dans votre vie du Sens, et de la Vie.

MON POINT COACHING

MON POINT COACHING

Conclusion

Quand j'ai découvert ces dimensions énergétiques, ma vie a pris une tournure totalement différente. Déjà, je me suis souvenue que, petite, je voyais l'énergie entre mes doigts, mais que je ne savais pas ce que c'était, puisque personne n'en parlait. En étudiant tout cela, je suis rentrée dans **un monde avec plus de sens.**

Il y avait finalement des explications sensées et rationnelles à des événements qui paraissaient non liés. J'ai aussi pu reprendre la responsabilité d'une grande partie de ma vie, avec **une compréhension énergétique ET rationnelle de l'univers qui m'entoure.** Bref, ma vie a clairement retrouvé du sens.

J'espère que cette introduction aux différentes dimensions de vos corps énergétiques vous aura permis de découvrir de nouvelles parties de votre être, et peut-être vous donnera envie d'explorer ce « nouveau monde » un peu plus en détail.

BIBLIOGRAPHIE

Karolina Bocko et Abel Mambenda, *Alchimie du cru, saucez cru*, Éditions Lulu.com

Barbara Ann Brennan, *Le Pouvoir bénéfique des mains*; *Guérir par la lumière*, Éditions Tchou

Valérie Cupillard, *Bio, bon, gourmand: mes recettes pour cuisiner les aliments du bien-être*; *Cuisinez gourmand sans gluten, sans lait, sans œufs...*, Prat Éditions

Mathieu Gallant et Cote David, Crudessence, Éditions de l'homme

Louise L. Hay, *Transformez votre vie*, Éditions Marabout

Gilles Lartigot, *EAT: Chroniques d'un fauve dans la jungle alimentaire*, Winterfields Éditions

Michel Odoul, *Dis-moi où tu as mal, je te dirais pourquoi*, Éditions Albin Michel

Jean Seignalet, *L'Alimentation ou la Troisième Médecine*, Éditions du Rocher

Thierry Souccar, *Lait, mensonges et propagandes*, Thierry Souccar Éditions

Diane Stein, *Reiki essentiel*, Guy Trédaniel Éditeur

Mary Laure Teyssedre, *L'Ancrage énergétique; Les 5 Blessures de l'âme*, Éditions Jouvence

REMERCIEMENTS

MERCI à tous ceux qui me soutiennent au quotidien, qui m'entourent et m'encouragent, vous savez qui vous êtes !

MERCI !

MERCI !!

MERCI !!!

Dans la même collection aux Éditions Jouvence :

Changer sa vie
24 heures pour trouver sa voie
Isabelle Gauducheau,
Mary Laure Teyssedre
Illustrations de Sophie Lambda

128 pages • 9,90 €

Trouvez le rythme de votre propre changement, élaborez les bases de votre nouvelle vie !

Mon programme feng shui
10 jours pour se sentir en harmonie
Alice le Guiffant,
Magdalena Musialek
Illustrations de Sophie Lambda

128 pages • 9,90 €

10 étapes pour un environnement et une harmonie feng-shui !

Dépôt légal : novembre 2016
Achevé d'imprimer en octobre 2016
Imprimé en Pologne